Ryosuke Takahashi
Maja Kawana

# ABREISE
# NEU

新・アプライゼ
伝え合うドイツ語

ASAHI VERLAG

# ドイツ語圏略地図　（□はドイツ語使用地域）

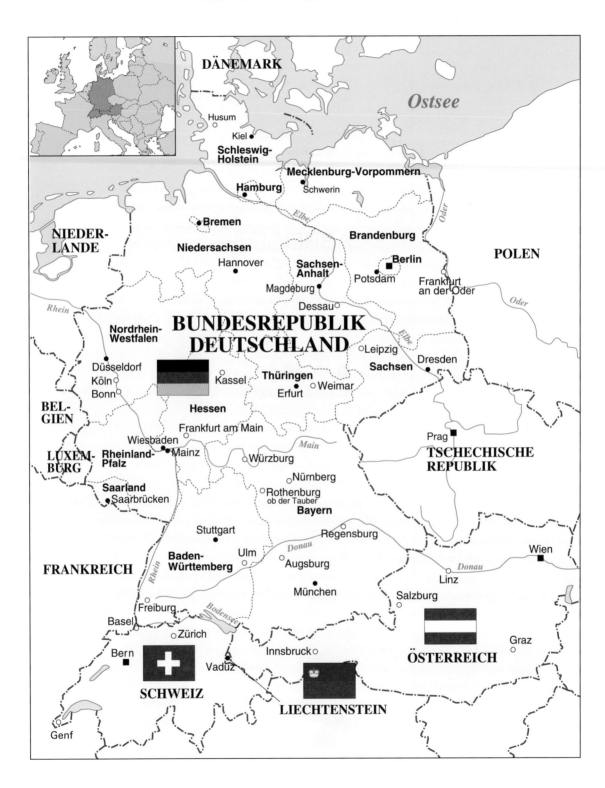

# まえがき

　本書は、„ABREISE"（2018年初版）の改訂版であり、初めてドイツ語を学ぶ人を対象とした初級レベルの教科書です。

　本書の特色の一つとして、文法とコミュニケーションを等しく重視しているという点が挙げられます。より具体的には、文法シラバスを基軸としながらも、各文法事項が会話や文章理解といった言語活動においてどう活かされるのかを学習者が把握し、自らその文法事項を使いこなすことで実践的なコミュニケーション力を身に付けていくことを狙いとしています。この姿勢と試みの現れとして、本書中の練習問題には次の特徴があります。

- すべての練習問題がペアワークの材料として使用できるように設計されている。
- 練習を通じて必ず、小さな問答を含めた会話もしくは文章が完成する。
  （穴埋め問題や書き換え問題の場合を含め、単文の羅列という形式は採らない。）

本書でのペアワークが、学んだばかりの文法事項を会話や文章理解といった実践的な言語活動へと効率的につなげていく上での一助となれば幸いです

　上記とは別の特色として、本書中の会話の大半は、日本における日常生活上の場面を舞台としています。その上で、ドイツ語学習者とドイツ語母語話者が情報のやり取りを通じて助け合う状況や、各自の出身文化圏について紹介する状況を積極的に採り入れています。こうした状況設定の背景として、ドイツ語学習者が自らのドイツ語力を活かす場はドイツ語圏の国・地域に限られるわけではないという点があります。それどころか、国際化・グローバル化が進み、日本を訪れたり日本に移り住んだりする人たちが数多い昨今では、日本国内での身近な暮らしの場においてドイツ語を耳にする機会は珍しいことでなくなりつつあります。その点を踏まえた場合、これからのドイツ語には、学習者がドイツ語圏に関する情報を受信するための手段という役割だけでなく、ドイツ語圏出身者に対して自身ならびに自身の文化圏について発信するための手段という役割も従来以上に見込まれていくことでしょう。もちろん、そうした発信力は、学習者が日常を離れドイツ語圏に身を置いた場合にも必要とされることに変わりはありません。本書におけるペアワークへの取り組みを通じて、ドイツ語力が養われるだけでなく、自らの出身文化圏の紹介を含めて広い意味で発信していく力が伸びていくことを願っています。

　なお今回の改訂では、本文の一部やデザイン全体を見直したほか、付属冊子における練習問題の量を大幅に増やしました。また、新たに各課冒頭 **Dialog** のスキット動画版を作成しました。より使いやすく、より充実したかたちで、ドイツ語学習の機会をご提供できればと考えています。

　最後に、本書の作成にあたって朝日出版社編集部のみなさんには企画段階から大変お世話になりました。記してお礼を申し上げます。

2023年　高橋亮介・川名真矢

# 目次

## *Lektion 1*　人称代名詞と動詞の現在人称変化、語順

## *Lektion 2*　不規則変化動詞、名詞の性と複数形

## *Lektion 3*　名詞・代名詞の格変化

## *Lektion 4*　冠詞類、否定文、命令形

## *Lektion 5*　前置詞、接続詞

## *Lektion 6*　話法の助動詞、分離動詞

# 本書の使用方法

　本書は 12 課からなっています。見開きごとに、左側ページで新たな文法事項を学んでから右側ページでその練習問題に取り組むことができます。また、いずれの課も Dialog, Grammatik, Übung, Kommunikation, Kaffeepause という 5 種類のパートから構成されています。各パートの内容および使用方法は次のとおりです。

| | |
|---|---|
| *Dialog* | その課で学ぶ主な文法事項を用いた会話例です。ペア同士での読み上げ用として、また、その課の文法事項をひととおり導入した後のおさらい用として、ご利用ください。 |
| *Grammatik* | 文法事項はこのパートにまとめてあります。補足事項については、右ページ「補足」欄および巻末の「文法に関する補足事項」をご参照ください。 |
| *Übung* | 主に穴埋め形式や書き換え形式からなる練習問題です。解答を通じて完成させた表現は、そのままペア同士での読み上げや内容確認に利用することができます。 |
| **Kommunikation** | 自分自身の答えや意見を発信するタイプの練習問題です。 |
| *Kaffeepause* ▶ コラム動画 | ドイツ語圏の生活文化を題材とした、クイズ付きのコラムです。付属の映像には、関連する文化紹介とクイズの正解を収録しています。 |
| ▶ スキット動画 | このマークがある箇所には、音声とは別に、スキットの動画があります。より身近で自然なドイツ語会話のモデルとして、予習や復習にもご活用ください。 |

　なお、綴じ込み式のワークブックには、課ごとに自習用のドリル問題と語彙リストをご用意しています。本書中の練習問題に取り組むのに先立ち、より平易で基本的な練習が必要な場合には、ドリル問題も併せてご活用ください。また、各課の Dialog, Übung, Kommunikation で使用されている主要な語句の意味などは、ワークブック中の語彙リストで確認することができます。

　また、本書の音声 🎧 や映像 ▶ コラム動画 ▶ スキット動画 は、下記の教科書特設 HP よりご視聴いただけます。授業と併せてご活用ください。

https://text.asahipress.com/text-web/deutsche/abreiseneu/

# das Alphabet アルファベート  🎧02

| | | | | | | | | | |
|---|---|---|---|---|---|---|---|---|---|
| A | a | 𝒜 | 𝑎 | アー | [a:] | Q | q | 𝒬 𝑞 | クー | [ku:] |
| B | b | ℬ | 𝑏 | ベー | [be:] | R | r | ℛ 𝑟 | エア(ル) | [εʁ] |
| C | c | 𝒞 | 𝑐 | ツェー | [tse:] | S | s | 𝒮 𝑠 | エス | [εs] |
| D | d | 𝒟 | 𝑑 | デー | [de:] | T | t | 𝒯 𝑡 | テー | [te:] |
| E | e | ℰ | 𝑒 | エー | [e:] | U | u | 𝒰 𝑢 | ウー | [u:] |
| F | f | ℱ | 𝑓 | エフ | [εf] | V | v | 𝒱 𝑣 | ファオ | [faʊ] |
| G | g | 𝒢 | 𝑔 | ゲー | [ge:] | W | w | 𝒲 𝑤 | ヴェー | [ve:] |
| H | h | ℋ | ℎ | ハー | [ha:] | X | x | 𝒳 𝑥 | イクス | [ɪks] |
| I | i | ℐ | 𝑖 | イー | [i:] | Y | y | 𝒴 𝑦 | ユプスィロン | [ýpsilɔn] |
| J | j | 𝒥 | 𝑗 | ヨット | [jɔt] | Z | z | 𝒵 𝑧 | ツェット | [tsεt] |
| K | k | 𝒦 | 𝑘 | カー | [ka:] | | | | | |
| L | l | ℒ | 𝑙 | エル | [εl] | Ä | ä | 𝒜̈ 𝑎̈ | アー・ウムラオト | [a:ʊmlaʊt] |
| M | m | ℳ | 𝑚 | エム | [εm] | Ö | ö | 𝒪̈ 𝑜̈ | オー・ウムラオト | [o:ʊmlaʊt] |
| N | n | 𝒩 | 𝑛 | エヌ | [εn] | Ü | ü | 𝒰̈ 𝑢̈ | ウー・ウムラオト | [u:ʊmlaʊt] |
| O | o | 𝒪 | 𝑜 | オー | [o:] | | | | | |
| P | p | 𝒫 | 𝑝 | ペー | [pe:] | | ß | ß | エスツェット | [εstsέt] |

# ■ つづりと発音

## ●発音の原則

> 1. ローマ字式に読むことが多い。
>
> | danke | ありがとう | Ende | 終わり |
> |---|---|---|---|
> | ダンケ | | エンデ | |
>
> 2. アクセントは原則として最初の母音につく。
>
> | Bibel | 聖書 | denken | 考える |
> |---|---|---|---|
> | ビーベル | | デンケン | |
>
> 3. アクセントのある母音は，続く子音が1つならば長く，2つ以上ならば短く発音する。
>
> | Name | 名前 | Maske | マスク |
> |---|---|---|---|
> | ナーメ | | マスケ | |

## ◆ 母音 🎧03

| | | | | | |
|---|---|---|---|---|---|
| **a** | [a] [aː] | alt | 古い | Abend | 晩 |
| **e** | [ɛ] [eː] | Bett | ベッド | geben | 与える |
| **i** | [i] [iː] | Insel | 島 | Musik | 音楽 |
| **o** | [o] [oː] | Post | 郵便局 | Brot | パン |
| **u** | [u] [uː] | Mutter | 母 | Zug | 電車 |
| | | | | | |
| **ä** | [ɛ] [ɛː] | Bäckerei | パン屋 | Bär | クマ |
| **ö** | [œ] [øː] | öffnen | 開ける | hören | 聞く |
| **ü** | [ʏ] [yː] | fünf | 5 | Tür | ドア |
| | | | | | |
| **ai ei** | [aɪ] | Mai | 5月 | Ei | 卵 |
| **au** | [aʊ] | Auge | 目 | Baum | 木 |
| **eu äu** | [ɔʏ] | heute | 今日 | Gebäude | 建物 |
| **ie** | [iː] | Fieber | 熱 | Brief | 手紙 |
| | | | | | |
| 同じ母音2つ → 長く発音 | | Tee | 紅茶 | Saal | ホール |
| 母音＋h → 母音を長く発音　　　hは発音しない | | sehen | 見る | Uhr | 時計 |

| | | | | | |
|---|---|---|---|---|---|
| **b** | [b] [p] | Bank | 銀行 | gelb | 黄色い |
| **d** | [d] [t] | Dank | 感謝 | Land | 国 |
| **g** | [g] [k] | Geld | 金 | Tag | 日 |
| **ch** | [x] | Nacht | 夜 | Buch | 本 |
| | | Koch | コック | Bauch | 腹 |
| | [ç] | ich | 私 | Chemie | 化学 |
| **ig** | [iç] | König | 王 | richtig | 正しい |
| **chs x** | [ks] | sechs | 6 | Examen | 試験 |
| **j** | [j] | Japan | 日本 | Juni | 6月 |
| **pf** | [pf] | Kopf | 頭 | Apfel | りんご |
| **qu** | [kv] | Qualität | 質 | bequem | 快適な |
| **r** | [ʀ] [ə] | Rose | 薔薇 | schwer | 重い |
| **s** | [z] [s] | Sonne | 太陽 | Eis | 氷 |
| **ss ß** | [s] | essen | 食べる | Fuß | 足 |
| **sch** | [ʃ] | schön | 美しい | Schnee | 雪 |
| **sp** | [ʃp] | Spiel | 遊び | sprechen | 話す |
| **st** | [ʃt] | Student | 学生 | stehen | 立つ |
| **dt th** | [t] | Stadt | 街 | Thema | テーマ |
| **ti** | [tsi] | Lektion | 課 | Patient | 患者 |
| **tsch** | [tʃ] | Deutsch | ドイツ語 | tschüs | じゃあね |
| **v** | [f] | Vater | 父 | vier | 4 |
| **w** | [v] | Wein | ワイン | Löwe | ライオン |
| **y** | [ʏ] [yː] | Mythos | 神話 | typisch | 典型的な |
| **z ds ts tz** | [ts] | Zeit | 時間 | abends | 晩に |
| | | nachts | 夜に | jetzt | 今 |

◆1 日本語に取り入れられている単語 🎧05

| | | | |
|---|---|---|---|
| 1 | Wappen | 2 | Schale |

| | | | |
|---|---|---|---|
| 3 | Röntgen | 4 | Arbeit |

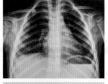

| | | | |
|---|---|---|---|
| 5 | Neurose | 6 | Gelände |

| | | | |
|---|---|---|---|
| 7 | Allergie | 8 | Frankenstein |

◆2 意味・つづりが英語と同じ単語 🎧06

| 1 | Winter | 2 | Basketball | 3 | Sport | 4 | Theater |
|---|---|---|---|---|---|---|---|
| 5 | Tiger | 6 | Note | 7 | China | 8 | Hand |
| 9 | Radio | 10 | Analyse | 11 | Butter | 12 | Nation |

# ■語彙・表現

◆ 挨拶 🎧07

| | | | |
|---|---|---|---|
| Guten Morgen! | おはよう | Guten Tag! | こんにちは |
| Guten Abend! | こんばんは | Gute Nacht! | おやすみなさい |
| Hallo! | やあ | | |
| Auf Wiedersehen! | さようなら | Tschüs! | じゃあね |

| | | | |
|---|---|---|---|
| Danke (schön)! | ありがとう | Bitte (schön)! | どういたしまして |
| Entschuldigung! | すみません | | |

| | | | |
|---|---|---|---|
| Wie geht es Ihnen? | お元気ですか？ | Danke, gut. Und Ihnen? | 元気です。あなたは？ |
| Wie geht es dir? | 元気？ | Danke, gut. Und dir? | 元気だよ。君は？ |

## ◆ 数字 🎧08

| | | | | | |
|---|---|---|---|---|---|
| 0 | null | 11 | elf | 30 | dreißig |
| 1 | eins | 12 | zwölf | 40 | vierzig |
| 2 | zwei | 13 | dreizehn | 50 | fünfzig |
| 3 | drei | 14 | vierzehn | 60 | sechzig |
| 4 | vier | 15 | fünfzehn | 70 | siebzig |
| 5 | fünf | 16 | sechzehn | 80 | achtzig |
| 6 | sechs | 17 | siebzehn | 90 | neunzig |
| 7 | sieben | 18 | achtzehn | 100 | (ein)hundert |
| 8 | acht | 19 | neunzehn | 1 000 | (ein)tausend |
| 9 | neun | 20 | zwanzig | 10 000 | zehntausend |
| 10 | zehn | 21 | einundzwanzig | 100 000 | hunderttausend |
| | | 22 | zweiundzwanzig | 1 000 000 | eine Million |

365 （数・年号） dreihundertfünfundsechzig

1989　（数） (ein)tausendneunhundertneunundachtzig

　　　（年号） neunzehnhundertneunundachtzig

2014（数・年号） zweitausendvierzehn

## ◆ 季節・月 🎧09

| | | | |
|---|---|---|---|
| Frühling | 春 | Sommer | 夏 |
| Herbst | 秋 | Winter | 冬 |

| | | | | | |
|---|---|---|---|---|---|
| Januar | 1月 | Februar | 2月 | März | 3月 |
| April | 4月 | Mai | 5月 | Juni | 6月 |
| Juli | 7月 | August | 8月 | September | 9月 |
| Oktober | 10月 | November | 11月 | Dezember | 12月 |

## ◆ 曜日 🎧10

| | | | | | | | |
|---|---|---|---|---|---|---|---|
| Montag | 月曜日 | Dienstag | 火曜日 | Mittwoch | 水曜日 | Donnerstag | 木曜日 |
| Freitag | 金曜日 | Samstag | 土曜日 | Sonntag | 日曜日 | | |

### April

| Mo | Di | Mi | Do | Fr | Sa | So |
|---|---|---|---|---|---|---|
| 1 | 2 | 3 | 4 | 5 | 6 | 7 |

## 人称代名詞と動詞の現在人称変化、語順

- 人称代名詞
- 語順
- 動詞の形と現在人称変化
- sein, haben

### *Dialog* 11  スキット動画

Hallo, ich heiße Maria. Und du? Wie heißt du?

Ich heiße Takeshi. Ich komme aus Nagoya. Und woher kommst du?

Ich komme aus Köln. Wohnst du auch in Nagoya?

Nein, jetzt wohne ich in Hamamatsu. Da studiere ich Chemie.

## *Grammatik*

### 1　人称代名詞

「私」や「あなた」の表わし方

ドイツ語には人称と数の区別に応じてさまざまな**人称代名詞**があります。

- 人称には次の3種類があります。
    - 1人称：話し手
    - 2人称：聞き手
    - 3人称：1・2人称以外の人やモノ

|  | 単数 | | 複数 | |
|---|---|---|---|---|
| 1人称 | ich | 私は | wir | 私たちは |
| 2人称 | du | 君は | ihr | 君たちは |
| 3人称 | er | 彼は | sie | 彼（女）らは |
|  | sie | 彼女は |  | それらは |
|  | es | それは |  |  |
| 敬称2人称 | Sie | | あなた（たち）は | |

- 2人称には次の2種類があります。
    - **du/ihr**（親称）：家族・友人・恋人・学生同士などの親しい間柄で用いる。
    - **Sie**（敬称）：初対面の大人同士など特に親しいわけでない間柄で用いる。単複同形で、書き出しは必ず大文字。

### 2　動詞の形と現在人称変化

動詞の形はそのつど整える

動詞は原則的に語幹と語尾から成り立っています。語尾はさまざまな条件に応じて変化します。

- 主語が定まっていない形の動詞を**不定詞**といいます（辞書に記載されている形）。不定詞の語尾は、大半の場合 **-en** です。

    例 **lernen**（習う）：lern + en
    　　　　　　　　　　語幹　語尾

- 動詞は文中で、主語の人称・数の区別に応じて語尾が変化します（**人称変化**）。
- 人称変化している動詞を**定動詞**といいます。

| 現在人称変化語尾 | | | |
|---|---|---|---|
| ich | -e | wir | -en |
| du | -st | ihr | -t |
| er/sie/es | -t | sie/Sie | -en |

| 不定詞 lernen（習う） | | | |
|---|---|---|---|
| ich | lerne | wir | lernen |
| du | lernst | ihr | lernt |
| er/sie/es | lernt | sie/Sie | lernen |

Lektion 1　Lektion 2　Lektion 3　Lektion 4　Lektion 5　Lektion 6　Lektion 7　Lektion 8　Lektion 9　Lektion 10　Lektion 11　Lektion 12

## ➔ Übung 🎧12-13

**1**　例 の文章をペア同士で**1**文ずつ交互に読み上げ、内容を確認してください。また、例 の表現にならい、**1**人ずつ交代で a, b, c の各人物になりきって自己紹介してください。

**例**

Ich heiße Hiroshi.
Ich komme aus Sendai.
Ich wohne jetzt in Shibuya.
Ich lerne Deutsch.

a
ミヒャエル (Michael)
ケルン (Köln) 出身
いま甲府に住んでいる
日本語 (Japanisch) を習っている

b

アンゲラ (Angela)
ベルリン (Berlin) 出身
いま札幌に住んでいる
ダンス (Tanzen) を習っている

c

ショウゴ
川崎出身
いま横浜で働いている (arbeiten)
料理 (Kochen) を習っている

**2**　例 の文章をペア同士で**1**文ずつ交互に読み上げ、内容を確認してください。また、例 の表現にならい、**1**人ずつ交代でa, b, c の各人物を紹介してください。ただし、出だしは „**Das ist ...** “（誰かや何かを紹介するときの表現）とします。

**例**

Das ist Sachiko.
Sie studiert Geschichte.
Sie trinkt gern Tee.
Sie spielt oft Basketball.

a
クラウス (Klaus)
法学 (Jura) を専攻
コーヒー (Kaffee) を飲むのが好き
よくサッカー (Fußball) をする

b

パウル (Paul)
化学 (Chemie) を専攻
ワイン (Wein) を飲むのが好き
よくテニス (Tennis) をする

c
ユリア (Julia)
文学 (Literatur) を専攻
踊る (tanzen) のが好き
よく旅行する (reisen)

---

**補足**

〜語尾を整える必要のある動詞〜

- 語幹が -s, -ss, -ß, -tz, -z で終わる：主語が du の場合、動詞の語尾は -st の s が省かれ -t となる。
  例 heißen（〜という名である）　　du heißt
  　　tanzen（踊る）　　　　　　　　du tanzt

- 語幹が -d, -t で終わる：主語が du, er/sie/es, ihr の場合、動詞の語幹と語尾の間に -e が入る。
  例 arbeiten（働く）　du arbeitest　　er/sie/es arbeitet　　ihr arbeitet
  　　finden（見つける）du findest　　er/sie/es findet　　ihr findet

# Grammatik

## 3 語順（定動詞の位置）　　　　　　　動詞は好き勝手に並べられない

定動詞の位置は文の種類によって異なります。

**1.** 平叙文・補足疑問文（疑問詞を含む疑問文）：定動詞は文頭から2番目。

**a** 平叙文

| | | |
|---|---|---|
| Er | **wohnt** allein in Osaka. | 彼はひとりで大阪に住んでいます。 |
| Allein | **wohnt** er in Osaka. | ひとりで彼は大阪に住んでいます。 |
| In Osaka | **wohnt** er allein. | 大阪に彼はひとりで住んでいます。 |

- 文頭に置かれるのは主語とは限りません。
- 文頭には1つの語あるいは1つの句（2語以上からなるまとまり）を置きます。

**b** 補足疑問文

| | | |
|---|---|---|
| Wo | **spielst** du morgen Basketball? | 君はあすどこでバスケットボールをするの？ |
| Wann | **spielst** du hier Basketball? | 君はいつここでバスケットボールをするの？ |
| Was | **spielst** du morgen hier? | 君はあすここで何をして遊ぶの？ |

- 文頭には必ず疑問詞を置きます。
- 疑問詞の主な例は以下のとおりです。

> wo どこで　　woher どこから　　wohin どこへ　　wie どのように　　was 何が、何を
> wer 誰が　　warum どうして　　wann いつ

**2.** 決定疑問文（疑問詞を含まず、ja（はい）か nein（いいえ）で答えられる疑問文）：定動詞は文頭。

**Spielst** du heute?　　君はきょう遊ぶの？

## 4 動詞 sein, haben の現在人称変化　　　　変化の仕方が特殊な動詞

動詞 sein（英語の be に相当）、haben（英語の have に相当）は特殊な人称変化をします。

| sein | | | | haben | | | |
|---|---|---|---|---|---|---|---|
| ich | bin | wir | sind | ich | habe | wir | haben |
| du | bist | ihr | seid | du | hast | ihr | habt |
| er/sie/es | ist | sie/Sie | sind | er/sie/es | hat | sie/Sie | haben |

| | |
|---|---|
| Ich **bin** Student. **Bist** du Studentin? | 私は（男子）学生です。君は（女子）学生？ |
| Das **ist** Tom. | こちら（にいるの）はトムです。 |
| Ich **habe** Hunger. | 私は空腹です。 |
| **Hast** du Zeit? | 時間はある？ |

4

# ➲ *Übung*　🎧14–15

カッコ内の動詞を必要に応じて適切な形に変化させてください。会話文が完成したら、ペア同士で交互に読み上げ、内容を確認しましょう。

a

Wo _____ (sein) du gerade?

Ich _____ (sein) in Shibuya.
Paul _____ (sein) auch da.
Und was _____ (machen) du?

Ich _____ (backen) Kuchen. Später _____ (kommen) Tim.
_____ (haben) ihr Zeit? _____ (kommen) ihr auch?

Ja, danke! Wir _____ (sein) gleich da.

b

Ich _____ (heißen) Miyo Suzuki. Und Sie? Wie _____ (heißen) Sie?

Ich _____ (heißen) Florian Schmidt. Ich _____ (kommen)
aus Bremen. Woher _____ (kommen) Sie?

Ich _____ (kommen) aus Kyushu, aus Hakata.

Ah! Hakata _____ (kennen) ich gut.
_____ (wohnen) Sie auch in Hakata?

Nein, jetzt _____ (wohnen) ich in Hiroshima.
Da _____ (studieren) ich Physik.

# ➲ *Kommunikation*

1️⃣　ペア同士でドイツ語を使ってお互いのことを尋ね合いましょう。答えるときは、これまでに出てきた表現を自由に使ってください。

|  | 自分 | 相手 |
|---|---|---|
| Wie heißt du? |  |  |
| Woher kommst du? |  |  |
| Wo wohnst du? |  |  |
| Was machst du gern? |  |  |

2️⃣　別のペアと組み、各自が自分のペア相手について別のペアの2人に紹介してください。

| *Kaffeepause* | 街 | ▶️ コラム動画 |

　　ドイツ語圏は文化遺産や自然遺産に満ちあふれています。いわゆる世界遺産の数はドイツ・オーストリア・スイスの3国で60以上に達します。もっとも、歴史的な景色ばかりというわけではありません。フランクフルトやベルリンなどでは近代的な都市の光景を見ることもできます。このように伝統的な景観から最先端の姿まで多彩な表情を見せるドイツ語圏ですが、日本であればどこにでもあるものがほとんど見られません。それは何でしょうか。

# 不規則変化動詞、名詞の性と複数形

- 不規則変化動詞の現在人称変化 ・名詞の性
- ja, nein, doch ・名詞の複数形

## *Dialog* 🎧16 ▶️ スキット動画

 Siehst du das? Was ist das?

Das ist ein Museum in Tokio.

 Es ist modern! Hat das Museum viele Bilder?

Ja, natürlich.

## *Grammatik*

### 1 不規則変化動詞の現在人称変化 　　　　　　語尾を整えるだけでは済まない動詞

動詞のなかには、主語が2人称単数 (du) と3人称単数 (er/sie/es) の場合のみ、語幹のなかの母音・つづりが特定のパターンにしたがって変化するものがあります。

① a ➡ ä ：fahren（乗り物で行く）　schlafen（眠る）　tragen（運ぶ）　fallen（落ちる）　waschen（洗う）
② e ➡ i ：sprechen（話す）　essen（食べる）　helfen（手伝う）　geben（与える）
③ e ➡ ie ：sehen（見える、見る）　lesen（読む）　stehlen（盗む）　empfehlen（推薦する）

● 上記のパターンに当てはまらず、個々に特殊な変化をする動詞がsein, habenの他にもあります。

| | ① a ➡ ä | ② e ➡ i | ③ e ➡ ie | \ 特殊な変化 | | | |
|---|---|---|---|---|---|---|---|
| | fahren 乗り物で行く | sprechen 話す | sehen 見える、見る | werden 〜になる | nehmen 取る | wissen 知っている | halten 保つ |
| ich | fahre | spreche | sehe | werde | nehme | **weiß** | halte |
| du | **fährst** | **sprichst** | **siehst** | **wirst** | **nimmst** | **weißt** | **hältst** |
| er/sie/es | **fährt** | **spricht** | **sieht** | **wird** | **nimmt** | **weiß** | **hält** |
| wir | fahren | sprechen | sehen | werden | nehmen | wissen | halten |
| ihr | fahrt | sprecht | seht | werdet | nehmt | wisst | haltet |
| sie/Sie | fahren | sprechen | sehen | werden | nehmen | wissen | halten |

### 2 ja, nein, doch 　　　　　　「はい」、「いいえ」を言い表すには

決定疑問文への答え方にはja, nein, dochの3通りがあります。
● 肯定の疑問文に対して肯定の返事をする場合：ja を用いる。
　　　　　　　　否定の返事をする場合：nein を用いる。

| Bist du allein? | **Ja**, ich bin allein. | はい、独りです。 |
|---|---|---|
| あなたは独りなの？ | **Nein**, ich bin nicht allein. | いいえ、独りではありません。 |

● 否定の疑問文に対して肯定の返事をする場合：doch を用いる。
　　　　　　　　否定の返事をする場合：nein を用いる。

| Bist du nicht allein? | **Doch**, ich bin allein. | いいえ、独りです。 |
|---|---|---|
| あなたは独りではないの？ | **Nein**, ich bin nicht allein. | はい、独りではありません。 |

## Übung 🎧 17-19

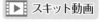

以下は、機内で隣り合わせになった日本人とドイツ人の会話の一部です。
ペア同士で交互に読み上げ、内容を確認してください。

▶️ スキット動画

Sie fliegen nach Berlin?

Ja. Ich reise gern. Fliegen Sie auch nach Berlin?

Nein, ich fliege weiter nach München.
Sie sprechen aber gut Deutsch!

Danke. Sprechen Sie vielleicht Japanisch?

Nein, leider spreche ich nur Deutsch.

- - - - - - - - - - - - - - - - - - - - - - - - - - -

Was nehmen Sie, Fleisch oder Fisch?

Ich nehme Fisch. Nehmen Sie auch Fisch?

Nein, ich nehme Fleisch. Essen Sie nicht gern Fleisch?

Doch, ich esse gern Fleisch.

- - - - - - - - - - - - - - - - - - - - - - - - - - -

Sie schlafen gar nicht. Sind Sie nicht müde?

Nein, ich bin nicht müde, aber später schlafe ich ein bisschen.

Und was lesen Sie?

Ich lese „Faust" von Goethe.

Ah, interessant!

## 🔧 Kommunikation

*Übung* の会話を、次の選択肢のうち色ごとにいずれかの表現に置き換え、似たような会話をつくってください。ただし、両者とも学生同士であり、お互い **du** を使うものとします。

Dresden

Köln

Bremen

Wien

Salzburg

Gulasch / Schnitzel

Brötchen / Reis

Rindfleisch / Schweinefleisch

„Sein und Zeit"
von Heidegger

„Rashomon"
von Ryunosuke Akutagawa

„Momo"
von Michael Ende

Lektion 1
Lektion 2
Lektion 3
Lektion 4
Lektion 5
Lektion 6
Lektion 7
Lektion 8
Lektion 9
Lektion 10
Lektion 11
Lektion 12

7

## *Grammatik*

### 3 名詞の性
名詞は3グループに分かれる

名詞には必ず文法上の**性**があり、どの名詞も**男性**・**女性**・**中性**のいずれかに相当します。

| 男性名詞 | 女性名詞 | 中性名詞 |
|---|---|---|
| Löffel スプーン | Gabel フォーク | Messer ナイフ |
| Roman 小説 | Zeitung 新聞 | Märchen 童話 |
| Vater 父 | Mutter 母 | Kind 子 |

• 文法上の性は、人間を表わす名詞では男女の区別と一致することもありますが、大半の場合は生物学上の性と関係ありません。

● 名詞の性に応じて、**定冠詞**および**不定冠詞**の形は異なります。

|  | 男性名詞 | 女性名詞 | 中性名詞 |
|---|---|---|---|
| 定冠詞 | der Löffel | die Gabel | das Messer |
| 不定冠詞 | ein Löffel | eine Gabel | ein Messer |
| 代名詞 | er | sie | es |

● 名詞の性に応じて、それを受ける代名詞の形も異なります。

Das ist ein Roman. **Er** ist interessant.      これは小説です。それは面白いです。
Das ist eine Zeitung. **Sie** ist ganz neu.      これは新聞です。それは最新です。
Das ist ein Märchen. **Es** ist sehr bekannt.      これは童話です。それはとても有名です。

### 4 名詞の複数形
モノの数に応じて名詞は形を変える

名詞には**単数**・**複数**の区別があり、**複数形**には5通りのつくり方があります。

|  | 単数形 | 複数形 |
|---|---|---|
| 無語尾型<br>（変音あり） | Onkel おじ<br>Bruder 兄弟 | Onkel<br>Brüder |
| e型<br>（変音あり） | Tag 日<br>Nacht 夜 | Tage<br>Nächte |
| er型<br>（変音あり） | Kind こども<br>Buch 本 | Kinder<br>Bücher |
| (e)n 型 | Frau 女性<br>Blume 花 | Frauen<br>Blumen |
| s型 | Auto 自動車 | Autos |

＊語尾の調整とは別に変音（ウムラオト）を伴う場合もあります。

• 名詞が複数形の場合、定冠詞は必ず die です。
• 複数形名詞が不定冠詞 (ein/eine) を伴うことはありません。
• 複数形名詞を代名詞で受ける場合は sie を用います。

Das sind Autos. **Sie** sind sehr teuer.      これらは自動車です。どれも非常に高価です。

## Übung  20

1 次の会話文をペア同士で交互に読み上げ、内容を確認してください。　▶ スキット動画

> Was ist das?

 Das ist eine Bibliothek in Österreich.

> Sie ist sehr klassisch!
> Hat die Bibliothek viele Bücher?

 Ja, sicher. Liest du gerne Bücher?

2 上の会話内の表現を、色ごとに他の表現に置き換えれば、似たような会話をつくることができます。ペア同士で、a, b, c, dの店・施設に関する会話をつくりましょう。

a

男 Bioladen 有機専門店
Tokio
modern 現代的な
中 Gewürz, -e 調味料
kaufen 買う

b

男 Wagashi-Shop 和菓子屋
Kyoto
interessant 興味深い
女 Süßigkeit, -en お菓子
essen 食べる

c

男 Zoo 動物園
Berlin
attraktiv すてきだ
中 Tier, -e 動物
fotografieren 写真撮影する

d
男 Schuhgeschäft 靴屋
Köln
groß 大きい
男 Stiefel, - 長靴
tragen 履く

補足

～定冠詞と不定冠詞の使い分け～

不定冠詞は、会話の中で聞き手がまだ知らず何のことか特定できないものを表わす名詞に付けます。定冠詞は、会話の中ですでに聞き手がどれのことか特定できるものを表わす名詞に付けます。

Da sitzt **eine** Katze. そこに猫が一匹いるよ。
Da sitzt **die** Katze. その猫はそこにいるよ。

**Kaffeepause** 　駅　　▶ コラム動画

ドイツ語圏では鉄道網が非常に発達しています。都市間の移動といえばまず列車といっても過言ではなく、誰しも出張や知人の出迎えなどのためにちょくちょく駅に出入りしているはず。さて、そんなドイツ語圏の駅には、日本の駅であれば当然のように確認できるものがありません。それは何でしょう。次の中から2つ選んでください。

**a** 改札口　　**b** 電光掲示板　　**c** 券売機　　**d** 発車ベル

# Lektion 3

## 名詞・代名詞の格変化

- 名詞の格変化
- 疑問代名詞の格変化
- 人称代名詞の格変化
- 不定代名詞

## *Dialog* 🎧21 ▶️ スキット動画

Wer ist die Frau? Ich kenne sie nicht.

Sie ist die Tochter eines Politikers.

Kennst du auch den Politiker?

Ja, ich besuche ihn morgen und schenke ihm einige Fotos.

## *Grammatik*

### 1 名詞の格変化　　　　　　名詞句の働きは形で区別する

名詞句は、文中での働き（主語、目的語など）に応じて、**格**をもちます。

●格は4種類あり、主に冠詞の変化によって表わされます。

|  | 男性 | | 女性 | | 中性 | | 複数 | |
|---|---|---|---|---|---|---|---|---|
| 1格 | der | Mann | die | Frau | das | Kind | die | Kinder |
| 2格 | des | Mann[e]s | der | Frau | des | Kind[e]s | der | Kinder |
| 3格 | dem | Mann | der | Frau | dem | Kind | den | Kindern |
| 4格 | den | Mann | die | Frau | das | Kind | die | Kinder |

|  | 男性 | | 女性 | | 中性 | | 複数 |
|---|---|---|---|---|---|---|---|
| 1格 | ein | Mann | eine | Frau | ein | Kind | Kinder |
| 2格 | eines | Mann[e]s | einer | Frau | eines | Kind[e]s | Kinder |
| 3格 | einem | Mann | einer | Frau | einem | Kind | Kindern |
| 4格 | einen | Mann | eine | Frau | ein | Kind | Kinder |

＊複数形の名詞は3格の場合、語尾 -n を足します。ただし、複数形がすでに -n で終わっている場合や -s で終わっている場合、-n は足しません。

●1格は日本語の「～が、～は」、2格は「～の」、3格は「～に」、4格は「～を」に、おおよそ対応します。

| | |
|---|---|
| **Der Mann** arbeitet fleißig. | その男性は熱心に働く。 |
| Der Wagen **des Mann[e]s** ist sehr groß. | その男性の車はとても大きい。 |
| Ich danke **dem Mann**. | 私はその男性に感謝している。 |
| Ich zeige **dem Mann** einen Wagen. | 私はその男性に1台の車を見せる。 |
| Ich kenne **den Mann**. | 私はその男性を知っている。 |

・ただし „A ist B" 「AはBだ」という構文では、主語Aも補語Bも1格です。

**Der Weltmeister** ist **der Japaner**.　　世界チャンピオンはその日本人男性です。

# ➜ Übung  🎧 22-23

**1** 下線部に定冠詞を、二重下線部に不定冠詞を、それぞれ記入してください。会話文が完成したら、ペア同士で交互に読み上げ、内容を確認しましょう。

Hörst du gern _____ 女 Jazzband?

Ja, später gebe ich _____ 男 Sänger _____ 男 Brief.

Moment. Ich kenne _____ 中 Gesicht _____ 女 Pianistin.

Das ist _____ 女 Überraschung! Schenken wir _____ 女 Frau Blumen?

**2** 次の会話文をペア同士で交互に読み上げ、内容を確認してください。
また、会話内の表現を、色ごとに他の表現に置き換え、別の会話をつくりましょう。

▶️ スキット動画

Wer ist die Frau?

Sie ist die Tochter eines Bürgermeisters.

Kennst du auch den Bürgermeister?

Ja, er ist immer sehr nett!

a 男 Mann 　　　男 Vater 　　　女 Ärztin
b 中 Kind 　　　男 Sohn 　　　男 Schauspieler

# ➜ Kommunikation

例 にならい、ペア同士で相手のカバンの中身を尋ね合いましょう。各自、少なくとも3品目は挙げ、その特徴についてひとこと付け加えてください。

例 A Was hast du in der Tasche?
　　B Ich habe eine Brille. Sie ist leicht.
　　A Was hast du noch in der Tasche?
　　B Ich habe zwei Kugelschreiber.
　　　Sie sind neu.
　　A Und was hast du noch ...

中 Heft, -e ノート　　　男 Bleistift, -e 鉛筆

男 Kugelschreiber, - ペン　　　中 Handy, -s 携帯電話

女 Tasche, -n カバン　　　中 Etui, -s 筆箱　　　中 Lineal, -e 定規

中 Buch, ¨er 本　　　女 Schere, -n ハサミ　　　男 Radiergummi, -s 消しゴム

**WORT**

| | | | | |
|---|---|---|---|---|
| neu 新しい | alt 古い | leicht 軽い | schwer 重い | praktisch 実用的な |
| klein 小さい | groß 大きい | schön きれいな | günstig 安い | teuer 値段が高い |
| weich やわらかい | hart かたい | schick おしゃれな | | |

## Grammatik

### 2　人称代名詞の格変化　　　　　　　　　　　　　　「彼が」、「彼に」、「彼を」の区別

人称代名詞も格に応じて形が変化します。

| | 単数 | | | | | 複数 | | | 敬称2人称 |
|---|---|---|---|---|---|---|---|---|---|
| | 1人称 | 2人称 | 3人称 | | | 1人称 | 2人称 | 3人称 | |
| 1格 | ich | du | er | sie | es | wir | ihr | sie | Sie |
| 3格 | mir | dir | ihm | ihr | ihm | uns | euch | ihnen | Ihnen |
| 4格 | mich | dich | ihn | sie | es | uns | euch | sie | Sie |

Er liebt **mich**, aber ich hasse **ihn**.　　　　彼は私を愛しているが、私は彼を嫌っています。

Ich schicke **ihm** einen Brief.　　　　　　　私は彼に手紙を1通送ります。

### 3　疑問代名詞の格変化　　　　　　　　「誰が・何が」、「誰に・何に」、「誰を・何を」の区別

**疑問代名詞**（wer「誰」、was「何」）も文中の働きに応じて格変化します。

| | wer 誰 | was 何 |
|---|---|---|
| 1格 | wer | was |
| 2格 | wessen | wessen |
| 3格 | wem | – |
| 4格 | wen | was |

- 疑問代名詞が主語である場合、動詞は必ず3人称単数形をとります。

**Wer** kommt?　　誰が来ますか。　　　　　**Wessen** Handy ist das?　これは誰の携帯電話ですか。

**Was** liegt da?　何がそこにありますか。　　**Wem** antwortet er?　　彼は誰に返事をしていますか。

**Was** siehst du?　君は何を見ていますか。　　**Wen** suchen Sie?　　　あなたは誰を探していますか。

### 4　不定代名詞　　　　　　　　　　　　　　　　　　　「誰か」や「何か」の表わし方

不特定の人や事物を表わす代名詞を**不定代名詞**といいます。

| | 人（一般） | 誰か | 誰も…ない | 何か | 何も…ない |
|---|---|---|---|---|---|
| 1格 | man | jemand | niemand | etwas | nichts |
| 2格 | (eines) | jemand[e]s | niemand[e]s | – | – |
| 3格 | einem | jemand[em] | niemand[em] | etwas | nichts |
| 4格 | einen | jemand[en] | niemand[en] | etwas | nichts |

- 一般論を述べる場合などには man が幅広く使われます。

Hier fährt **man** rechts.　ここは右側通行です。　　Ich trinke **nichts**.　　　私は何も飲みません。

Ist **jemand** da?　　　　誰かそこにいますか。　　Heute kommt **niemand**.　今日は誰も来ません。

## ➜ *Übung* 24

カッコ内の冠詞および代名詞（**1格**）を必要に応じて適切な形に変化させてください。会話文が完成したら、ペア同士で交互に読み上げ、内容を確認しましょう。

> Kaufst du etwas? Besuchst du vielleicht jemand?

> Ja, ich besuche morgen Maria. Sie hat ＿＿＿＿＿ (ein) Sohn
> und ＿＿＿＿＿ (eine) Tochter. ＿＿＿＿＿ (der) Sohn liest gern Bücher.
> Jetzt kaufe ich ＿＿＿＿＿ (er) ＿＿＿＿＿ (ein) Roman.

> Und ＿＿＿＿＿ (was) kaufst du ＿＿＿＿＿ (die) Tochter?

> Ich kaufe ＿＿＿＿＿ (sie) ＿＿＿＿＿ (ein) Kinderbuch. Sie ist noch klein.

## ➜ **Kommunikation**

ペア同士でドイツ人宅にホームステイすることになり、ホストファミリーの**4**人に日本の品を贈ることにしました。以下の**4**品のうちどれを誰に贈るのがよいか、各自で案を立ててください。

　中 Tuch (Tenugui)　　　男 Fächer (Sensu)　　　男 Yukata　　　女 Puppe (Kokeshi)
　　　•　　　　　　　　　•　　　　　　　　•　　　　　　　•

　　　•　　　　　　　　　•　　　　　　　•　　　　　　　•
　der Bruder　　　　　die Mutter　　　　der Vater　　　die Schwester

自分のペア相手は誰にどの品を贈るつもりなのでしょうか。次の**2**通りの質問を自由に組み合わせて、お互いに尋ね合いましょう。

- Was gibst du ...?　　　　例 A Was gibst du der Mutter?
　　　　　　　　　　　　　　　 B Ich gebe ihr den Fächer.

- Wem gibst du ...?　　　　例 A Wem gibst du den Fächer?
　　　　　　　　　　　　　　　 B Ich gebe ihn der Mutter.

---

**Kaffeepause**　｜ パン ｜　▶ コラム動画

　ドイツ語圏はパンの消費量が多く、三度の食事やおやつのときなど、いろいろな場面でパンを食べます。さらに、ドイツのパンは世界一の種類の多さを誇り、菓子パンなどを含めると1000種以上のパンがあります。日本で比較的ポピュラーなパンの中にもドイツ語圏発祥のものがありますが、それは次のうちどれでしょうか。

　**a** クロワッサン(Croissant)　　**b** プレッツェル(Brezel)
　**c** スコーン(Scone)　　　　　　**d** ベーグル(Bagel)

# 冠詞類、否定文、命令形

- 冠詞類
- 否定冠詞 kein と nicht の使い分け
- nicht の位置
- 命令形のつくり方

## *Dialog*  25 ▶ スキット動画

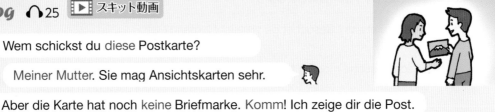

👩 Wem schickst du diese Postkarte?

👨 Meiner Mutter. Sie mag Ansichtskarten sehr.

👩 Aber die Karte hat noch keine Briefmarke. Komm! Ich zeige dir die Post.

## *Grammatik*

### 1 冠詞類                                              冠詞に似た働きの表現

冠詞と同様に名詞の前に置かれ、「この」、「どの」などの意味を添える諸表現を**冠詞類**といいます。

1. 冠詞類のうち、定冠詞 (der/die/das) と格変化の仕方が似ているものを**定冠詞類**といいます。

> **dieser** この  　　**jeder** 各々の  　　**aller** すべての  　　**welcher** どの  　　**solcher** そのような

|     | 男性 | | 女性 | | 中性 | | 複数 | |
|-----|------|---|------|---|------|---|------|---|
| 1格 | dieser | Hund | diese | Katze | dieses | Pferd | diese | Hunde |
| 2格 | dieses | Hundes | dieser | Katze | dieses | Pferdes | dieser | Hunde |
| 3格 | diesem | Hund | dieser | Katze | diesem | Pferd | diesen | Hunden |
| 4格 | diesen | Hund | diese | Katze | dieses | Pferd | diese | Hunde |

2. 冠詞類のうち、不定冠詞 (ein/eine) と似た格変化の仕方をするものを**不定冠詞類**といいます。

- 不定冠詞類は、**所有冠詞**と**否定冠詞**とに大別されます。

| 所有冠詞 | | | | | | 否定冠詞 |
|---|---|---|---|---|---|---|
| **mein** 私の | **dein** 君の | **sein** 彼の | **ihr** 彼女の | **sein** それの | **Ihr** あなたの あなたがたの | **kein** ひとつも〜ない |
| **unser** 私たちの | **euer** 君たちの | | **ihr** 彼らの / 彼女らの / それらの | | | |

|     | 男性 | | 女性 | | 中性 | | 複数 | |
|-----|------|---|------|---|------|---|------|---|
| 1格 | mein | Hund | meine | Katze | mein | Pferd | meine | Hunde |
| 2格 | meines | Hundes | meiner | Katze | meines | Pferdes | meiner | Hunde |
| 3格 | meinem | Hund | meiner | Katze | meinem | Pferd | meinen | Hunden |
| 4格 | meinen | Hund | meine | Katze | mein | Pferd | meine | Hunde |

## → *Übung* 🎧26–27

**1** 必要に応じて下線部に適切な語尾を記入してください。会話文が完成したら、ペア同士で交互に読み上げ、内容を確認しましょう。

> Hallo! Was machst du hier?

> Ich kaufe ein____ 中 Buch und schenke es mein____ 男 Sohn.
> Morgen ist sein____ 男 Geburtstag.
> Welch____ Buch findest du gut? Hast du ein____ 女 Idee?

> Na ja. Ich finde all____ 複 Bücher zu schwierig. Dein____ Sohn ist noch klein.
> Wie findest du dies____ 女 Puppe? Sie ist ganz lieb.

> Welch____ Puppe meinst du?

> Die Katzenpuppe hier! Ich glaube, jed____ 中 Kind mag Tiere.

> Stimmt. Ich nehme sie. Danke, dein____ 男 Hinweis hilft mir immer sehr.

**2** 次の会話文をペア同士で交互に読み上げ、内容を確認してください。
また、会話内の表現を、色ごとに他の表現に置き換え、別の会話をつくりましょう。　▶️ スキット動画

Das ist mein Haus. Es ist ganz neu.

Wer ist diese Frau?

Das ist meine Schwester. Und hier ist mein Bruder.

Und wo sind deine Eltern? Ich sehe sie nicht.

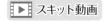

a　女 Wohnung　男 Junge　男 Sohn　複 Großeltern　男 Mann
b　男 Kindergarten　中 Mädchen　女 Kusine　男 Vetter　男 Bruder

## → *Kommunikation*

例にならい、a, b, c の品目ごとにどれが好きか、ペア同士で尋ね合いましょう。答えるときは、自分が好きなものを指さしながら伝えた上で、その理由も挙げてください。

例　A　Welches Etui magst du?
　　B　Ich mag dieses Etui. Es ist besonders cool.

a 　b 　c

女 Kette ネックレス　　　　　　　男 Rucksack リュックサック　　　　中 Auto 自動車

**WORT**　cool クールな　　　modern 現代的な　　　nostalgisch 懐かしい感じの
　　　　　attraktiv 魅力的な　　elegant 優雅な　　　modisch 流行の

## Grammatik

### 2 | 否定冠詞keinとnichtの使い分け　　否定の仕方は一通りではない

否定文をつくるときには、**kein**と**nicht**の使い分けが必要です。

1. 対応する肯定文が不定冠詞付きの名詞か無冠詞の名詞を含む：名詞の前にkeinを置く。

   Ich lese einen Roman. 私はある小説を読む。
   ⇔ Ich lese **keinen** Roman. 私は小説を読まない。

   Ich esse Bananen. 私はバナナを食べます。
   ⇔ Ich esse **keine** Bananen. 私はバナナを食べません。

2. 上記1の条件が当てはまらない：nichtを使う。

   Ich lese seinen Roman. 私は彼の小説を読む。
   ⇔ Ich lese seinen Roman **nicht**. 私は彼の小説を読まない。

   Ich esse die Bananen. 私はこのバナナを食べます。
   ⇔ Ich esse die Bananen **nicht**. 私はこのバナナを食べません。

### 3 | nichtの位置　　nicht で何を打ち消すのか

nichtの位置は、否定文の種類によって異なります。

1. 全文否定（肯定文が表わす内容全体を否定）：nichtは原則として文末に置く。

   Ich lese seinen Roman **nicht**. 私は彼の小説を読まない。

   • ただし、動詞seinやwerdenと形容詞・名詞との結びつきからなる述語の場合、nichtはその形容詞・名詞の直前に置きます。

   Er ist nett. 彼は親切です。⇔ Er ist **nicht** nett. 彼は親切ではありません。

2. 部分否定（肯定文が表わす内容の一部を否定）：否定したい内容を表わす語句の直前にnichtを置く。

   Ich lese **nicht** seinen Roman, 私が読むのは彼の小説ではなく、
   sondern deinen (Roman). 君の小説だ。

### 4 | 命令形のつくり方　　依頼・勧誘・命令するとき

話し相手に、ある行為をするよう働きかける場合、**命令形**という動詞の形を使うことができます。
● 命令形のつくり方は3通りあり、動詞の語幹に特定の語尾を足します（seinのみ例外）。

| | kommen | arbeiten | sprechen | sein |
|---|---|---|---|---|
| duに対して ： -[e]! | Komm! | Arbeite! | Sprich! | **Sei** ... ! |
| ihrに対して ： -[e]t! | Kommt! | Arbeitet! | Sprecht! | **Seid** ... ! |
| Sieに対して ： -en Sie! | Kommen Sie! | Arbeiten Sie! | Sprechen Sie! | **Seien Sie** ... ! |

＊相手がSieに相当する場合は、動詞の直後にSieを必ず置きます。
＊現在人称変化で口調上のeを入れる動詞（arbeiten, wartenなど）は、命令形でもeを足します。
＊2・3人称単数で語幹中の母音eがi/ieに変わる動詞（sprechen, lesenなど）は、duに対する命令形の場合も母音がi/ieです。

## ➜ *Übung*  🎧 28–29

**1** 空欄に **nicht, ein, kein** のいずれか **1** 語を記入してください。会話文が完成したら、ペア同士で交互に読み上げ、内容を確認しましょう。

> Oh, das ist _____ weich.
> Ist das _____ Schweinesteak?

> Nein, das ist _____ Schweinesteak.
> Das ist _____ Hähnchensteak.

> Ach so. Tut mir leid, das esse ich _____.

> Magst du vielleicht _____ Hähnchen?

> Doch, aber das Steak schmeckt mir _____.

**2** 次の会話文をペア同士で交互に読み上げ、内容を確認してください。さらに、**du** で呼び合う間柄の会話文につくり替えましょう。　▶️ スキット動画

> Wo sind Sie jetzt? Bitte kommen Sie gleich! Das Essen ist fertig.

> Oh, seien Sie mir nicht böse! Ich bin noch in Meguro. Bitte warten Sie!

> Wie bitte? Ich höre Sie nicht. Bitte sprechen Sie laut!

## ➜ *Kommunikation*

**例** にならい、ペアのうち一方が何らかの症状を訴えたら、もう一方は命令形を使って、自分が適切だと思う対処の仕方を伝えてください。両者は **du** で呼び合う間柄だとします。

**例** A Ich habe Fieber.　　B Nimm Tabletten!

| Kopfschmerzen | Husten | Allergie | Bauchschmerzen | Halsschmerzen | Zahnschmerzen |

**WORT**　Tabletten nehmen 薬を飲む　　Tee trinken お茶を飲む　　gut schlafen よく寝る
eine Maske tragen マスクをする　keinen Alkohol trinken 飲酒しない　nicht sprechen 喋らない

---

**Kaffeepause** 　スーパー　　▶️ コラム動画

　スーパーでの買い物というと、どこに行っても差はないように思われるかもしれませんが、ドイツ語圏と日本とではずいぶん勝手が異なります。例えば、入口のショッピングカートは相互にチェーンでつながれています。そのうちの1台を使うためには、硬貨を専用の差し込み口に入れてチェーンを外さなければなりません。また、店内の雰囲気についても、日本とはどこか違うところがあります。その他、微妙な違いは商品をレジ台に載せるときにもあるのですが、さて、どんな点が日本と異なるのでしょうか。

## Lektion 5 前置詞、接続詞

- 前置詞
- 前置詞の熟語的用法
- 前置詞と代名詞の融合形
- 接続詞と語順

## *Dialog* 🎧30 ▶️ スキット動画

Hallo, wo bist du? Martin ist schon bei mir.

Ich bin im Supermarkt, weil ich Milch brauche.

Alles klar. Bitte komm schnell! Wir warten auf dich.

Danke. Ich komme zu euch, wenn ich fertig bin.

## *Grammatik*

### 1 前置詞
「～の中」、「～の後で」、「～のために」…

前置詞は特定の格の名詞と結びつきます。これを**前置詞の格支配**といいます。

**1. 2格支配の前置詞**

| statt ～の代わりに | trotz ～にもかかわらず | während ～の間 | wegen ～のせいで、～のために |
|---|---|---|---|

trotz des Regens 雨にもかかわらず　　wegen der Krankheit 病気のせいで

**2. 3格支配の前置詞**

| aus ～(の中)から | | bei ～のところに、～の際に | mit ～と一緒に、～を用いて |
|---|---|---|---|
| nach ～へ(地名[無冠詞])、～の後で | von ～から、～の | | zu ～へ |

aus der Kirche 教会の中から　　zu meinen Eltern 両親のところへ

**3. 4格支配の前置詞**

| durch ～を通って | für ～のために | ohne ～なしで | um ～のまわりに、～時に |
|---|---|---|---|

durch das Tor 門を通って　　für seinen Sohn 彼の息子のために

**4. 3・4格支配の前置詞**(表わす内容によって格が異なる)

| an | ～のきわ(に・へ) | auf | ～の上(に・へ) | hinter | ～の後ろ(に・へ) |
|---|---|---|---|---|---|
| in | ～の中(に・へ) | neben | ～の横(に・へ) | über | ～の上方(に・へ) |
| unter | ～の下(に・へ) | vor | ～の前(に・へ) | zwischen | ～の間(に・へ) |

3格：「～に(いる・ある)」「～で(遊ぶ)」のように事物の位置や動作が行われる場所を表わす。
4格：「～へ(行く・置く)」のように動作の方向を表わす。

| 3格 | Die Frau kocht in **der** Küche. | 4格 | Die Frau geht in **die** Küche. |
|---|---|---|---|
| | 女性は台所で料理をしている。 | | 女性は台所に入っていく。 |
| | Das Buch liegt auf **dem** Tisch. | | Legen Sie das Buch auf **den** Tisch! |
| | 本は机の上に置いてある。 | | 本を机の上に置いてください。 |

• いくつかの前置詞と定冠詞は融合することがあります。

| **am** ← an + dem | **ans** ← an + das | **beim** ← bei + dem | **im** ← in + dem |
|---|---|---|---|
| **ins** ← in + das | **vom** ← von + dem | **zum** ← zu + dem | **zur** ← zu + der |

Heute gehen wir **ins** Theater.　　きょう私たちは劇場に行きます(観劇に出かけます)。
Ich kaufe immer **im** Supermarkt.　　私はいつもスーパーで買い物します。

## → Übung 🎧 31–32

**1** 定冠詞（der/die/das）を適切な形に変えて下線部に記入してください。会話文が完成したら、ペア同士で交互に読み上げ、内容を確認しましょう。

> Was machen wir nach ＿＿＿ 中 Mittagessen?
> Hast du schon eine Idee?

> Ja, wir fahren mit ＿＿＿ 中 Auto an ＿＿＿ 男 See. Er ist nicht weit.

> Das Wetter ist aber nicht schön. Und wegen ＿＿＿ 女 Demo stehen jetzt
> auf ＿＿＿ 複 Straßen sehr viele Leute.

> Dann fahren wir mit ＿＿＿ 女 U-Bahn. Das Wetter ist kein Problem. Nimm
> meinen Regenmantel. Er hängt an ＿＿＿ 女 Wand.
> Ich hole auch Stiefel aus ＿＿＿ 男 Keller.

**2** 枠内から適切な表現を1つ選び、下線部に記入してください。会話文が完成したら、ペア同士で交互に読み上げ、内容を確認しましょう。

> Hallo! Ich bin gerade ＿＿＿ 中 Büro. ＿＿＿ 男 Abend gehe ich ＿＿＿ 中 Kino.
> Kommst du auch?

> Nein, leider nicht. Ich gehe jetzt mit Paul ＿＿＿ 男 Bahnhof.
> Wir fahren ＿＿＿ 中 Meer.

am / ans / im / ins / zum

## → Kommunikation

自分が好きな色の猫を1匹選んでください。また、部屋の中でその猫を座らせたい位置を1ヶ所選び、★印を付けてください。

weiß

schwarz

braun

gelb

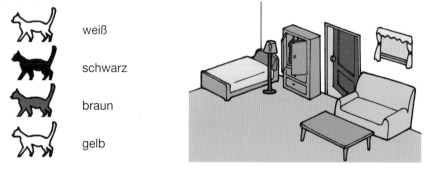

ペア同士で、相手の選んだ猫の色と居場所を当ててください。正解が分かるまで何度でも質問しましょう。ただし、例にあるとおり、ja か nein で答えられる質問だけを使うものとします。

例　A　Ist deine Katze auf dem Tisch?　　A　Ist deine Katze weiß?

　　B　Nein, sie ist nicht auf dem Tisch.　　B　Ja, sie ist weiß.

**WORT** 中 Sofa ソファ　女 Lampe 照明　中 Fenster 窓
　　　　 女 Tür ドア　　男 Tisch 机　　中 Bett ベッド　男 Schrank タンス

## *Grammatik*

### **2** 前置詞の熟語的用法             動詞・形容詞・名詞と結びつく前置詞

動詞・形容詞・名詞のなかには、特定の前置詞を要求するものがあります。

動詞：     Wir warten **auf** den Chef. (auf ...$^4$ warten)       我々は上司を待っている。

形容詞： Bist du **mit** dem Essen zufrieden? (mit ...$^3$ zufrieden)    君はこの食事に満足していますか。

名詞：     Ich habe keine Angst **vor** Erdbeben. (Angst vor ...$^3$)    僕は地震が心配ではない。

- 3・4格支配である前置詞も、特定の語と結びつく場合は格がいずれか一つに限られます。

### **3** 前置詞と代名詞の融合形             前置詞と代名詞をひとまとめにする場合

前置詞と結びつく代名詞が事物を表わすときには、次の融合形を用います。

**1.** 人称代名詞の場合：da(r)- ＋前置詞

**2.** 疑問代名詞の場合：wo(r)- ＋前置詞

     Ich warte auf seine Nachricht.    僕は彼の知らせを待っているんだ。

         — Wie bitte? **Worauf** wartest du? / Wir warten auch **darauf**.
          え？　何を待っているだって？        我々もそれを待っているんです。

- 前置詞と結びつく代名詞が人を表わすときは、融合形は用いません。

     Ich warte auf den Professor.    僕は教授を待っているんだ。

         — Wie bitte? **Auf wen** wartest du? / Wir warten auch **auf ihn**.
          え？　誰を待っているだって？        我々も彼を待っているんだ。

### **4** 接続詞と語順             文と文とのつなぎ方

接続詞は、**並列接続詞**と**従属接続詞**に大別されます。

**1.** 並列接続詞は、後ろにある文の語順に影響を与えません。

| | | | |
|---|---|---|---|
| aber しかし | und そして | oder もしくは | denn というのも〜なので |

Wir gehen nach Hause, <u>denn</u> wir **haben** Hunger.    我々は帰宅します。というのも、お腹が空いているので。

**2.** 従属接続詞は、その後に続く文の動詞が文末に置かれます。

| | | | |
|---|---|---|---|
| als 〜したとき | dass 〜ということ | ob 〜かどうか | obwohl 〜にもかかわらず |
| weil 〜なので | wenn 〜するとき、〜すれば | | |

Ich weiß, <u>dass</u> Paul ledig **ist**.                  僕は、パウルが独身だということを知っています。

Wir können Fußball spielen, <u>wenn</u> ihr morgen **kommt**.    君たちがあす来れば僕たちはサッカーができる。

- 従属接続詞によって結びついている2つの文のうち、従属接続詞のない文を**主文**といいます。従属接続詞のある文は**副文**といいます。

     <u>Er **kommt** nicht</u> , <u>weil er keine Zeit **hat**</u>.    時間がないので、彼は来ない。
          主文               副文

- 副文が主文の前にあるとき、後続する主文の先頭には定動詞が置かれます。

     <u>Weil er keine Zeit **hat**</u> , <u>**kommt** er nicht</u> .
          副文               主文

- 間接疑問文も副文扱いであり、動詞は文末に置かれます。

     Ich möchte wissen, warum er nicht **kommt**.    私は、なぜ彼が来ないのか知りたい。

Lektion 1
Lektion 2
Lektion 3
Lektion 4
Lektion 5
Lektion 6
Lektion 7
Lektion 8
Lektion 9
Lektion 10
Lektion 11
Lektion 12

## ➡ *Übung*  🎧33

下線部に適切な**1語**を記入してください。会話文が完成したら、ペア同士で交互に読み上げ、内容を確認しましょう。

_____ _____ wartest du?

Ich warte _____ meine Mutter. Wir gehen in den Supermarkt.
Da kaufen wir Sportgetränke. Wir haben Angst _____ Sommerhitze.

Ach, so? Ich habe gar keine Angst _____ .
Seid ihr nicht _____ Mineralwasser zufrieden?

Nein, _____ sind wir gar nicht zufrieden.

## ➡ **Kommunikation**

例にならい、状況ごとに何をすることが多いか、ペア同士で尋ね合いましょう。

例 Situation: Du bist im Zug. 電車に乗っている

A Was machst du oft, wenn du im Zug bist?

B Wenn ich im Zug bin, lese ich oft Bücher.
Und was machst du oft, wenn du im Zug bist?

Situation 1: Du hast Zeit. 時間がある　　　Situation 3: Das Wetter ist schön. 天気がいい

Situation 2: Du bist krank. 具合が悪い　　　Situation 4: Du bist zu Hause. 家にいる

| WORT | shoppen ショッピングする | kochen 料理をする | Bücher lesen 本を読む |
| --- | --- | --- | --- |
| | schlafen 寝る | Zeitungen lesen 新聞を読む | Tee trinken お茶を飲む |
| | chatten チャットする | Fußball spielen サッカーをする | gurgeln うがいする |
| | Filme sehen 映画を見る | Okayu essen おかゆを食べる | Musik hören 音楽を聴く |
| | im Internet surfen ネットサーフィンする | | |

**Kaffeepause** ケーキ ▶ コラム動画

　ドイツ語圏での代表的なお菓子といえばやはりケーキでしょう。カフェに入ると、ショーケースに何種類ものケーキが並んでいて、目移りしてしまうこともしばしば。さて、日本語の「ケーキ」に対応するドイツ語表現としては „Kuchen" と „Torte" の2種類があります。バウムクーヘン (Baumkuchen)、ザッハートルテ (Sachertorte) などは日本でも知られているドイツ語由来のケーキ名ですね。では、„Kuchen" と „Torte" とでは何が違うのでしょうか。

# Lektion 6

## 話法の助動詞、分離動詞

- 話法の助動詞
- 分離動詞
- 未来形
- 非分離動詞

## Dialog  34　▶ スキット動画

Vorsicht! Hier muss man die Schuhe ausziehen.

Ah, ich verstehe. Darf man im Schloss Fotos machen?

Das ist OK. Was möchtest du besonders fotografieren?

## Grammatik

### 1 話法の助動詞

「〜してよい」、「〜できる」などの表わし方

許可・可能・推量・義務・願望といった意味合いを添える、**話法の助動詞**という表現があります。

- 話法の助動詞は本動詞の不定詞形と組み合わせて用います。動詞と同様、人称変化があります。
- 文の中で助動詞とともに用いられる動詞のことを**本動詞**といいます。

|  | dürfen | können | mögen | müssen | sollen | wollen | möchte(n) |
|---|---|---|---|---|---|---|---|
| ich | darf | kann | mag | muss | soll | will | möchte |
| du | darfst | kannst | magst | musst | sollst | willst | möchtest |
| er/sie/es | darf | kann | mag | muss | soll | will | möchte |
| wir | dürfen | können | mögen | müssen | sollen | wollen | möchten |
| ihr | dürft | könnt | mögt | müsst | sollt | wollt | möchtet |
| sie/Sie | dürfen | können | mögen | müssen | sollen | wollen | möchten |

- それぞれの話法の助動詞の意味・用法はおおよそ以下のとおりです。

| | | | |
|---|---|---|---|
| **dürfen** | 「〜してよい」 | Darf ich Sie fragen? | あなたにお尋ねしていいですか。 |
| | 否「〜してはならない」 | Hier darf man nicht parken. | ここで駐車してはいけない。 |
| **müssen** | 「〜しなければならない」 | Du musst fleißig lernen. | 君は一生懸命勉強しなければならない。 |
| | 否「〜する必要がない」 | Sie müssen nicht kommen. | あなたは来なくても結構です。 |
| **können** | 「〜できる」 | Das Kind kann gut kochen. | その子は料理が上手だ。 |
| **mögen** | 「〜かもしれない」 | Das mag falsch sein. | それは間違っているかもしれない。 |
| **sollen** | 「〜すべきだ」 | Wir sollen früh aufstehen. | 私たちは早く起きるべきだ。 |
| **wollen** | 「〜したい、〜するつもりだ」 | Er will in Japan arbeiten. | 彼は日本で働きたがっている。 |
| **möchte(n)** | 「〜したい（丁寧）」 | Ich möchte Sie begrüßen. | あなたにご挨拶したく思います。 |

- 話法の助動詞は、定動詞と同じ位置に置きます。本動詞の不定詞形は文末に置きます。

| | | |
|---|---|---|
| 平叙文： | Sie **kann** sehr schnell **schwimmen**. | 彼女はとても速く泳ぐことができます。 |
| 補足疑問文： | Warum **musst** du immer **arbeiten**? | なぜ君はいつも働かなければならないの。 |
| 決定疑問文： | **Darf** ich hier **rauchen**? | ここで煙草を吸ってもいいですか。 |

- 話法の助動詞は本動詞無しに単独で用いることがあります。

Ich **will** in die Stadt. 僕は市内に行きたい。 **Kannst** du Tennis? 君はテニスはできますか。

## → Übung  🎧 35–36

カッコ内の話法の助動詞を必要に応じて適切な形に変化させてください。会話文が完成したら、ペア同士で交互に読み上げ、内容を確認しましょう。

a 
> Entschuldigung, _____ (dürfen) ich Sie etwas fragen?

> Ja, bitte. Was _____ (können) ich für Sie tun?

> Ich _____ (möchten) nach Kyoto fahren.
> Wo _____ (können) ich die Fahrkarte kaufen?

> Fahrkarten _____ (können) Sie hier kaufen.
> _____ (wollen) Sie gleich fahren?

b 
> Ich gehe heute mit Paul ins Kino. _____ (wollen) du mitkommen?

> Ich _____ (wollen), aber meine Eltern sind nicht da
> und ich _____ (sollen) mit meiner Schwester zu Hause bleiben.
> Sie ist noch klein und ich _____ (dürfen) sie nicht allein lassen.

> Alles klar. _____ (können) wir vielleicht am Samstag gehen?

> Hm, das _____ (mögen) auch schwierig sein. Ich _____ (müssen)
> meine Eltern fragen.

## → Kommunikation

[例] にならい **dürfen** または **müssen** のいずれかを用いて、ペア同士で日本のしきたりを表現し合いましょう。
必要な場合はカッコ内の否定表現も使用してください。

[例]

das Stäbchen (nicht) in den Reis stecken
ご飯に箸を立てる

| | |
|---|---|
| ～してよい | → dürfen |
| ～してはならない | → 否 + dürfen |
| ～しなくてはならない | → müssen |
| ～しなくてよい | → 否 + müssen |

➡ In Japan darf man das Stäbchen nicht in den Reis stecken.

a

beim Essen (nicht) schlürfen
（麺などを）音を立ててすする

b

(nicht) im Haus die Schuhe ausziehen
家で靴を脱ぐ

d

(kein) Trinkgeld geben
チップをあげる

c

(nicht) im Zug telefonieren
電車内で通話する

e

(nicht) im Schwimmanzug baden
水着で入浴する

## Grammatik

### 2 未来形
「～だろう」などの表わし方

werden を助動詞として用い、動詞の不定詞形と組み合わせた形を**未来形**といいます。

● 未来形は、意思・命令・推量などを表わします。

| | |
|---|---|
| Ich **werde** Sie nie **vergessen**. | 私はあなたのことを決して忘れません。 |
| Du **wirst** gleich ins Bett **gehen**! | お前はすぐに寝なさい！ |
| Herr Tanaka **wird** wohl krank **sein**. | 田中さんはおそらく病気なのだろう。 |

• 一般に、未来の事柄は現在形を使って表わします。

| | |
|---|---|
| Ich **komme** morgen zu dir. | あす君のところに行くよ。 |

### 3 分離動詞
文中で2つに分解する動詞がある

動詞のなかには、**分離前つづり**と**基礎動詞**という2つの部分からなるものがあります。こうした動詞のことを**分離動詞**といいます。

| 分離動詞 | | 分離前つづり | 基礎動詞 |
|---|---|---|---|
| auf\|stehen (起きる) | → | auf | + stehen |
| ab\|fahren (出発する) | → | ab | + fahren |

● 主文では、分離動詞のうち基礎動詞だけを定動詞の位置に置き、分離前つづりを文末に置きます。

| | | |
|---|---|---|
| 平叙文： | Sie **steht** immer früh **auf**. | 彼女はいつも早く起きます。 |
| 補足疑問文： | Warum **steht** sie immer früh **auf**? | どうして彼女はいつも早く起きるのですか。 |
| 決定疑問文： | **Steht** sie immer früh **auf**? | 彼女はいつも早く起きるのですか。 |
| 命令文： | **Steh** früh **auf**! | 早く起きてください！ |

• 分離動詞を不定詞形で用いる場合は、分離前つづりと基礎動詞とに分かれません。

| | |
|---|---|
| Sie muss immer früh **aufstehen**. | 彼女はいつも早く起きなければなりません。 |

• 副文では、分離動詞全体が文末に置かれます。

| | |
|---|---|
| Ich weiß, dass sie immer früh **aufsteht**. | 私は、彼女がいつも早く起きることを知っています。 |

### 4 非分離動詞
分離しない前つづりもある

分離前つづりと異なり、基礎動詞から分離することがない前つづりもあります（**非分離前つづり**）。非分離前つづりをもつ動詞を**非分離動詞**といいます。

非分離前つづりの例： be-　emp-　ent-　er-　ge-　ver-　zer-

非分離動詞の例：　besuchen (訪れる)　empfehlen (勧める)　entsprechen (対応する)
erzählen (語って聞かせる)　gefallen (気に入る)　verstehen (理解する)　zerstören (破壊する)

| | |
|---|---|
| Ich **empfehle** dir diesen Plan. | 私は君にこのプランをおすすめします。 |
| **Verstehst** du mich? | 君は私のことを理解していますか。 |
| Mir **gefällt** der Film. | 私はこの映画が気に入っている。 |

# ➲ Übung 🎧37

**1** カッコ内の動詞を下線部に当てはめてください。会話文が完成したら、ペア同士で交互に読み上げ、内容を確認しましょう。

> Entschuldigung, wie kann ich nach Hamburg fahren?

> Nehmen Sie zuerst den Zug nach Hannover.
> Er _____ um elf Uhr dreiundvierzig von Gleis achtzehn _____. (ab|fahren)
> _____ Sie in Hannover in den Zug auf Gleis sieben _____. (um|steigen)
> In Hamburg _____ Sie um fünfzehn Uhr vierundfünfzig _____. (an|kommen)

| Reiseplan | | |
|---|---|---|
| ab 11.43 | Düsseldorf | Gleis 18 |
| an 14.28 | Hannover | Gleis 9 |
| ab 14.36 | Hannover | Gleis 7 |
| an 15.54 | Hamburg | Gleis 11 |

**2** 上の会話にならい、色ごとに他の表現に置き換え、次の **Düsseldorf** 発の乗換案内a, bに基づいた別の会話をつくりましょう。ただし、お互い**du**を使うものとします。

a
| Reiseplan | | |
|---|---|---|
| ab 05.39 | Düsseldorf | Gleis 16 |
| an 06.12 | Köln | Gleis 9 |
| ab 06.20 | Köln | Gleis 4 |
| an 07.41 | Frankfurt (Main) | Gleis 19 |

b
| Reiseplan | | |
|---|---|---|
| ab 14.33 | Düsseldorf | Gleis 17 |
| an 15.21 | Dortmund | Gleis 8 |
| ab 15.25 | Dortmund | Gleis 10 |
| an 17.15 | Bremen | Gleis 10 |

# ➲ Kommunikation

あなたは普段、1日のうちでどの時間（帯）に何をしているでしょうか。 WORT のうち自分に当てはまる表現を使って、ペア同士で各自の1日を報告し合いましょう。

WORT auf|räumen 掃除する  fern|sehen テレビを見る  in ...³ an|kommen ～に到着する
auf|stehen 起きる  lernen 勉強する  jobben アルバイトする
ein|kaufen 買い物する  nach Hause gehen 帰宅する

例 Ich stehe um 7 Uhr auf. Um 9 Uhr komme ich zur Uni. [......]
Von 16 bis 18 Uhr jobbe ich in Shibuya. [......]

---

**Kaffeepause** ドイツワイン  ▶ コラム動画

　ドイツを代表する飲み物として、ビールの他にワインが挙げられます。主流は白ワインで、ライン川やモーゼル川に沿って移動していると、丘陵を利用したブドウ栽培の光景がよく目に入ってきます。ところで、日本が山がちであるのに比べると、ドイツは平野がはるかに多い国です。耕作に適した平地の面積は十分であるのにも関わらず、あえて傾斜地でブドウを栽培するのはどうしてなのでしょうか。

# Lektion 7

## 動詞の3基本形、過去の表わし方

- 動詞の3基本形
- 注意を要する過去分詞
- 過去人称変化
- 過去の事柄の表わし方
- 現在完了形

## Dialog 🎧38 ▶️ スキット動画

Wo warst du gestern Nachmittag? Ich konnte dich nicht finden.

Ich war im Restaurant. Ich hatte Hunger.

Ach so. Und was hast du gegessen?

Steak mit Salat. Das hat mir sehr gut geschmeckt.

## Grammatik

### 1 動詞の3基本形          動詞の基本的な姿は3通り

どの動詞にも、不定詞・過去基本形・過去分詞という3通りの基本的な姿かたちがあります。

●過去基本形・過去分詞のつくり方が一定の規則にしたがっている動詞を**規則動詞**、つくり方が規則どおりでない動詞を**不規則動詞**といいます。

1. 規則動詞の過去基本形・過去分詞のつくり方は以下のとおり。

|  | 不定詞<br>語幹 -[e]n | 過去基本形<br>語幹 -te | 過去分詞<br>ge- 語幹 -t |
|---|---|---|---|
| lernen | lernen | lernte | gelernt |
| arbeiten | arbeiten | arbeit<u>e</u>te | gearbeit<u>e</u>t |
| wechseln | wechseln | wechselte | gewechselt |

＊ 語幹が -d, -t で終わる場合、過去基本形や過去分詞には口調上の e が入ります。

2. 不規則動詞の過去基本形・過去分詞については、巻末の変化表を参照。

### 2 過去人称変化          過去形にも人称語尾は必要

動詞の過去形にも人称変化はあります。1・3人称単数は過去基本形をそのまま使い、その他の人称では過去基本形に語尾を付けます。

| 不定詞 |  | lernen | gehen | kommen | sein | haben | werden |
|---|---|---|---|---|---|---|---|
| 過去基本形 |  | lernte | ging | kam | war | hatte | wurde |
| ich | - | lernte | ging | kam | war | hatte | wurde |
| du | -st | lerntest | gingst | kamst | warst | hattest | wurdest |
| er/sie/es | - | lernte | ging | kam | war | hatte | wurde |
| wir | -[e]n | lernten | gingen | kamen | waren | hatten | wurden |
| ihr | -t | lerntet | gingt | kamt | wart | hattet | wurdet |
| sie/Sie | -[e]n | lernten | gingen | kamen | waren | hatten | wurden |

• 分離動詞の前つづりは過去形のとき、現在形と同様に分離します。（**例** Er **kam** heute **an.**）

## ➡ *Übung* 🎧 39–40

**1** カッコ内の動詞および助動詞を過去形に変化させてください。会話文が完成したら、ペア同士で交互に読み上げ、内容を確認しましょう。

> _____ (sein) du heute allein? Wo _____ (sein) dein Vater?

> Mein Vater _____ (sein) im Büro. Er _____ (haben) eine Sitzung.

> _____ (müssen) du lange auf ihn warten?

> Nein, er _____ (können) gleich zurückkommen.
> _____ (wollen) du vielleicht mit ihm sprechen?

**2** カッコ内の動詞を過去形にすることにより、ある童話の導入部にあたる文章が完成します。文章を完成させ、ペア同士で交互に読み上げましょう。

Vor einem großen Walde _____ (wohnen) ein armer Holzhacker mit seiner

　Frau und seinen zwei Kindern;
大きな森のすぐ近くに、ある貧しい木こりが、妻と二人の子供たちと一緒に住んでいました。

das Bübchen _____ (heißen) Hänsel

　und das Mädchen _____ (heißen) Gretel.
男の子の名前はヘンゼル、女の子はグレーテルという名前でした。

Er _____ (haben) wenig zu beißen und zu brechen,
木こりには食べるものがほとんどなく、

　und einmal, als große Teuerung ins Land _____ (kommen),
いちど、その土地に大飢饉がやってきたときは、

　_____ (können) er das tägliche Brot nicht mehr schaffen.
もはや日々のパンを得ることができなくなってしまいました。

**3** 例にならい、ペア同士で以下の人々が前日どこにいたのか尋ね合いましょう。ある人について一方が尋ねたら、もう一方は WORT の表現を使って、その人がいた場所とそのときの状況を説明してください。

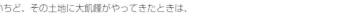

例　A　Wo war Tim gestern?

　　B　Er war im Restaurant. Er hatte Hunger.

Tim

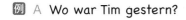

a 　　b  　　c 　　d

Paul　　　　　　　Maria　　　　　Julia und Susan　　Hans und Christel

**WORT**　beim Arzt sein 診療所にいる　　zu Hause sein 自宅にいる　　im Café sein 喫茶店にいる
　　　　　im Bett sein 寝床にいる　　　　Besuch haben 来客がある　　Durst haben 喉が渇く
　　　　　Kopfschmerzen haben 頭が痛い　Fieber haben 熱がある

## Grammatik

**3** **注意を要する過去分詞** ge- はいつ付けるのか

過去分詞のつくり方に関しては注意点があります。

1. 分離動詞の過去分詞：分離前つづり＋基礎動詞の過去分詞（1語扱いでつづる）。

> aus|gehen（外出する）→ ausgegangen　　an|kommen（到着する）→ angekommen

2. 語頭にアクセントがない、非分離動詞や -ieren で終わる動詞の過去分詞：ge- が付かない。

> verstehen（理解する）→ verstanden　　studieren（研究する）→ studiert

**4** **過去の事柄の表わし方** 過去形だけが過去表現ではない

過去の事柄の表わし方には過去形と**現在完了形**の2通りがあります。

1. 過去形：　　　現在の状況と切り離して過去の事柄を語るのに使う。
   　　　　　　　主に小説・物語・記事などの書き言葉で使用。
2. 現在完了形：現在の状況との関わりで過去の事柄を語るのに使う。
   　　　　　　　主に日常会話などの話し言葉で使用。

- ただし、sein, haben および話法の助動詞については、話し言葉でも過去形をよく使います。

> Gestern **hatte** ich keine Zeit, und ich **war** auch krank.　きのう、私は時間がなかったし、具合も悪かった。
> Er **musste** arbeiten und **konnte** nicht kommen.　　　　彼は仕事をしなければならず、来られなかった。

**5** **現在完了形** 2語からなる過去表現

現在完了形は、完了の助動詞（haben または sein）と本動詞の過去分詞という2語を組み合わせてつくります。

- 大半の場合は、助動詞 haben を用います。
- 自動詞（4格目的語をもたない動詞）のうち、次のものは助動詞 sein を用います。

> ① 移動：　　　　gehen（行く）　kommen（来る）　fallen（落ちる）　fliegen（飛ぶ）
> ② 状態の変化：　sterben（死ぬ）　ein|schlafen（眠り込む）　werden（…になる）
> ③ その他：　　　sein（…である）　bleiben（…のままでいる）

- 完了の助動詞は人称変化させ、定動詞と同じ位置に置きます。過去分詞は文末に置きます。

> 平叙文：　　　Sie **hat** gestern Kaffee **getrunken**.　　彼女はきのうコーヒーを飲みました。
> 補足疑問文：　Wann **hast** du das Buch **gelesen**?　　君はいつその本を読んだのですか。
> 決定疑問文：　**Ist** er nach Berlin **gefahren**?　　　　彼はベルリンに行きましたか。

- ただし、副文では完了の助動詞を文末に置きます。

> Sie sagt, dass sie gestern Kaffee **getrunken hat**.　彼女はきのうコーヒーを飲んだと言っています。
> Weißt du, dass er nach Berlin **gefahren ist**?　　彼がベルリンに行ったことを君は知っていますか。

## ➲ *Übung*  🎧41

カッコ内の動詞を現在完了形に変化させてください。会話文が完成したら、ペア同士で交互に読み上げ、内容を確認しましょう。

> Was _____ du heute _____? (machen)

> Ich _____ um 10 Uhr im Yoyogi-Park eine Freundin _____. (treffen)
> Wir _____ Badminton _____. (spielen)
> Dann _____ wir in Shinjuku zu Mittag _____. (essen)
> Am Nachmittag _____ ich in die Bibliothek _____. (gehen)
> Da _____ ich Englisch _____. (lernen)
> Am Abend _____ ich in einem Restaurant in Shibuya _____. (jobben)
> Um 21 Uhr _____ ich nach Hause _____. (gehen)

## ➲ *Kommunikation*

例 にならい、ペア同士で、相手が午前中・午後・晩に何をしていたのか尋ね合いましょう。

例　A　Was hast du am Vormittag gemacht?

　　B　Ich habe Englisch gelernt.
　　　　Dann habe ich ein bisschen Tennis gespielt.

　　A　Und was hast du am Nachmittag gemacht?

　　B　Ich ...

┌─────────────────────────────┐
│ 時間帯の表現                      │
│　am Vormittag　　午前中に          │
│　am Nachmittag　午後に            │
│　am Abend　　　　晩に              │
└─────────────────────────────┘

**WORT**　Kaffee trinken コーヒーを飲む　　　frühstücken 朝食をとる　　　zur Uni kommen 大学へ来る
　　　　Hausaufgaben machen 宿題をする　auf|stehen 起きる　　　　　Freunde treffen 友達に会う
　　　　fern|sehen テレビを見る　　　　　chatten チャットする　　　　in ... ein|kaufen ～で買い物をする
　　　　ein Buch lesen 本を読む　　　　　auf|räumen 掃除する　　　　nach ... fahren ～［地名］へいく
　　　　spazieren gehen 散歩する　　　　jobben アルバイトをする

---

**Kaffeepause**　　収穫祭　　　　▶ コラム動画

　ドイツ語圏の各地では、夏の終わりから秋にかけて、その年の収穫を祝うお祭りが開催されます。とりわけ世界的に有名なのはミュンヘンのオクトーバーフェスト (Oktoberfest) ですが、その他の諸都市でも、ふだんは駐車場として使用されているような広い敷地に多くのテントが建てられ、ビールや食事を楽しむ人々でにわかに活気づきます。さて、こうしたお祭りの会場には、日本のお祭りでは考えられないような施設も併設されることがあります。それは何でしょうか。

# 形容詞の格変化と比較変化

- 形容詞の格変化
- 形容詞の比較変化
- 比較の表現

## *Dialog* 42 ▶ スキット動画

 Wie heißt der hohe Turm?

Er heißt Tokyo-Skytree. Er ist 634 Meter hoch.

Ist er höher als der Tokyo-Tower?

Ja, natürlich. Er ist der höchste Turm in Japan.

## *Grammatik*

### 1 形容詞の格変化
名詞の前の形容詞には語尾が必要

名詞の前に置かれる形容詞は、その名詞の性・数・格に応じて語尾が付きます（**形容詞の格変化**）。

● 形容詞の格変化の仕方は、名詞が無冠詞か、不定冠詞（類）付きか、定冠詞（類）付きかによって異なります。

#### ① 無冠詞＋形容詞＋名詞

|  | 男性 | 女性 | 中性 | 複数 |
|---|---|---|---|---|
| 1格 | guter Kaffee | heiße Suppe | kaltes Wasser | frische Erdbeeren |
| 2格 | guten Kaffees | heißer Suppe | kalten Wassers | frischer Erdbeeren |
| 3格 | gutem Kaffee | heißer Suppe | kaltem Wasser | frischen Erdbeeren |
| 4格 | guten Kaffee | heiße Suppe | kaltes Wasser | frische Erdbeeren |

Ich möchte frische Erdbeeren essen.　私は新鮮なイチゴが食べたい。

#### ② 定冠詞（類）＋形容詞＋名詞

|  | 男性 | 女性 | 中性 | 複数 |
|---|---|---|---|---|
| 1格 | der junge Mann | die alte Frau | das kleine Kind | die kleinen Kinder |
| 2格 | des jungen Mannes | der alten Frau | des kleinen Kindes | der kleinen Kinder |
| 3格 | dem jungen Mann | der alten Frau | dem kleinen Kind | den kleinen Kindern |
| 4格 | den jungen Mann | die alte Frau | das kleine Kind | die kleinen Kinder |

Kennst du den jungen Mann?　　君はその若い男性を知っていますか。

#### ③ 不定冠詞（類）＋形容詞＋名詞

|  | 男性 | 女性 | 中性 | 複数 |
|---|---|---|---|---|
| 1格 | ein junger Mann | eine alte Frau | ein kleines Kind | meine kleinen Kinder |
| 2格 | eines jungen Mannes | einer alten Frau | eines kleinen Kindes | meiner kleinen Kinder |
| 3格 | einem jungen Mann | einer alten Frau | einem kleinen Kind | meinen kleinen Kindern |
| 4格 | einen jungen Mann | eine alte Frau | ein kleines Kind | meine kleinen Kinder |

Paul kommt mit einer alten Frau.　　パウルは、ある年老いた女性と一緒に来る。

Lektion 1
Lektion 2
Lektion 3
Lektion 4
Lektion 5
Lektion 6
Lektion 7
Lektion 8
Lektion 9
Lektion 10
Lektion 11
Lektion 12

# ➡ Übung 🎧43

必要に応じて下線部に適切な語尾を記入してください。会話文が完成したら、ペア同士で交互に読み上げ、内容を確認しましょう。

Was hast du in dein____ recht____ 女 Hand?

Das ist ein____ deutsch____ 男 Roman.
Ich habe ihn von mein____ ehemalig____ 男
Lehrer bekommen.

Liest du auch japanisch____ 複 Romane?

Ja, einige Werke von berühmt____ 複 Schriftstellern habe ich schon gelesen.

Dann empfehle ich dir dies____ neu____ 中 Buch. Das ist sehr interessant.

# ➡ Kommunikation

① 例にならい、ペア同士で b, c, d がそれぞれ答えとなる3通りの問答をつくりましょう。

1 a       b       c       d

**WORT** englisch 英国風   japanisch 日本風   braun 茶色   rot 赤い   男 Garten 庭   女 Brücke 橋

例 A Welchen Garten magst du?

B Ich mag den englischen Garten mit einer braunen Brücke. (答えがaの場合)

2と3について、ペア同士でどれが好きか尋ね合いましょう。

2 a       b       c       d

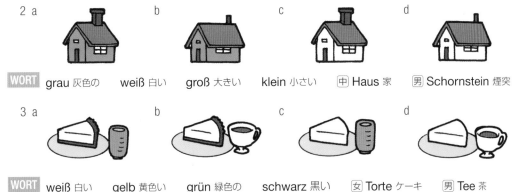

**WORT** grau 灰色の   weiß 白い   groß 大きい   klein 小さい   中 Haus 家   男 Schornstein 煙突

3 a       b       c       d

**WORT** weiß 白い   gelb 黄色い   grün 緑色の   schwarz 黒い   女 Torte ケーキ   男 Tee 茶

② 例にならい、ペア同士で、自分が理想とする家には何があるか紹介し合ってください。

例 A Wie sieht dein Traumhaus aus?

B Mein Traumhaus hat einen schönen Garten, eine große Garage ...

**WORT** groß 大きい   golden 金   modern モダンな   luxuriös 豪華な   男 Garten 庭   女 Wand 壁
女 Garage 駐車場   女 Sauna サウナ   中 Schwimmbad プール   男 Balkon バルコニー

# Grammatik

## 2 形容詞の比較変化 比べる場合は形容詞の形が違う

形容詞には、**原級**（辞書に載っている形）の他に**比較級・最上級**という2通りの変化形があります。

● つくり方は以下の規則のとおりです。

比較級（「～よりも…」を表わすときの形）：原級＋語尾 -er
最上級（「最も…」を表わすときの形）：原級＋語尾 -st

・ただし、不規則に形が変化する形容詞もあります。

| 規則変化 | | | 不規則変化 | | |
|---|---|---|---|---|---|
| 原級 | 比較級 | 最上級 | 原級 | 比較級 | 最上級 |
| klein 小さい | kleiner | kleinst | gut よい | besser | best |
| alt 古い | älter | ältest | groß 大きい | größer | größt |
| teuer 値段が高い | teurer | teuerst | hoch 高い | höher | höchst |
| jung 若い | jünger | jüngst | viel 多い | mehr | meist |

＊1音節で母音がa, o, uである形容詞の多くは変音（ウムラオト）します。

＊ -er, -elで終わる形容詞は、比較級でeが省かれ -r, -lになるのが一般的です。

＊ -d, -t, -s, -ß, -sch などで終わる形容詞は、最上級で口調上のeを入れてから -stを足します。

## 3 比較の表現 いろいろな比べ方

主な比較表現として、以下の例があります。

**1.** 原級を用いた比較：so + 原級 + wie「AはBと同じくらい…だ」

| | |
|---|---|
| Er ist **so groß wie** du. | 彼は君と同じくらい背が高い。 |
| Sie läuft **so schnell wie** ich. | 彼女は私と同じくらい早く走る。 |

**2.** 比較級を用いた比較：比較級 + als「AはBよりも…だ」

| | |
|---|---|
| Er ist **größer als** du. | 彼は君よりも背が高い。 |
| Sie läuft **schneller als** ich. | 彼女は私よりも早く走る。 |

**3.** 最上級を用いた比較：「Aがもっとも…だ」（2通り）

a am＋最上級＋語尾 -en

| | |
|---|---|
| Er ist **am größten** in der Klasse. | 彼はクラスでもっとも背が高い。 |
| Sie läuft **am schnellsten**. | 彼女はいちばん早く走る。 |

b 定冠詞 (der/die/das)＋最上級＋語尾 -e

| | |
|---|---|
| Er ist **der größte** in der Klasse. | 彼はクラスでもっとも背が高い男子だ。 |

・比較級・最上級の形容詞が名詞の前に置かれる場合は、格語尾がつきます。

| | |
|---|---|
| ein größeres Auto | もっと大きな車 |
| in einem größeren Auto | もっと大きな車の中で |
| die schönste Katze | いちばん美しい猫 |
| mit der schönsten Katze | いちばん美しい猫と一緒に |

**Übung** 🎧44

カッコ内の形容詞を必要に応じて適切な形に変化させてください。会話文が完成したら、ペア同士で交互に読み上げ、内容を確認しましょう。

👩 Ist der Horyu-ji so _____ (alt) wie der Kinkaku-ji?

🧑 Nein. Der Horyu-ji ist _____ (alt) als der Kinkaku-ji.

👩 Was ist _____ (groß), der Enryaku-ji oder der Kinkaku-ji?

🧑 Ich denke, der Enryaku-ji ist _____ (groß) als der Kinkaku-ji.

👩 Welcher Tempel ist am _____ (populär)?

🧑 Das weiß ich leider nicht, aber ich glaube, dass der Horyu-ji die _____ (viel) Besucher bekommt.

**Kommunikation**

ペア同士で、a, b, cの項目ごとに、3つの例を比較し合う内容の会話をつくりましょう。例にならい、はじめに最上級を用いた表現で、次に比較級を用いた表現で、質問してください。

例 A Welcher Turm ist am höchsten?
B Ich denke, der Turm C ist am höchsten.
A Und welcher Turm ist höher, der Turm A oder der Turm B?
B Ich glaube, der Turm A ist höher als der Turm B.

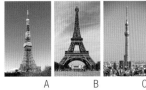
男 Turm 塔 hoch 高い

a
女 Armbanduhr 腕時計 teuer 高い

b
中 Haus 家 alt 古い

c
男 Hund 犬 groß 大きい

**Kaffeepause** ソーセージ ▶ コラム動画

ドイツの国民食といえばソーセージ。ドイツで生産、販売されているソーセージには様々なものがありますが、とりわけ有名なのはドイツ南部の都市ミュンヘンの名物、ヴァイスヴルスト(Weißwurst)です。このソーセージ、写真のような見た目をしているのですが、食べるときには注意点があります。それは何でしょうか。

# zu 不定詞、分詞

- zu 不定詞の用法
- 非人称 es の用法
- 現在分詞と過去分詞の用法

## *Dialog* 🎧45 ▶️ スキット動画

Wir haben vor, morgen eine Vorlesung über „J-Pop" zu halten.
Hast du Lust, zu uns zu kommen?

Ja, gerne. Das klingt spannend.
Ich komme, wenn ich nicht mehr erkältet bin.

## *Grammatik*

### **1** zu不定詞の用法

zuを付けると表現の幅が広がる

動詞の不定詞形とzuとの組み合わせからなる表現を**zu不定詞**といいます。

● zuは不定詞の直前に置かれます。

> 不定詞：fahren（乗り物で行く）→ zu不定詞：**zu fahren**

・ 分離動詞の場合、zuは分離前つづりと基礎動詞の間に入れます（つづりは1語扱い）。

> 不定詞：ab|fahren（出発する）→ zu不定詞：**abzufahren**

● zu不定詞は他の語句と結びついて、zu不定詞句という、より大きな表現単位になります。その場合、zu不定詞は必ず句の末尾に置きます。

> morgen mit dem Zug nach Berlin <u>zu fahren</u>　　　あす電車でベルリンに行く（こと）

● zu不定詞句にはさまざまな用法があります。

**1.** 名詞的用法：名詞と同じ位置に置いて「～すること」の意で使う。
　**a** 主語として

> **Deutsch zu sprechen** ist einfach.　　　ドイツ語を話すことは簡単だ。

　・ 形式的に es を主語位置に置いた上で、zu不定詞句を文の末尾に置くこともあります。

> Es ist einfach, **Deutsch zu sprechen**.

　**b** 目的語として

> Ich empfehle dir, **diesen Roman zu lesen**.　　　私は君にこの小説を読むことをおすすめします。

　**c** 述語として（„A ist B" のB）

> Mein Traum ist, **in Österreich zu wohnen**.　　　私の夢はオーストリアに住むことです。

**2.** 形容詞的用法：直前にある名詞の内容を補足説明する。

> Hast du Lust, **ins Konzert zu gehen**?　　　君はコンサートに行く気はありますか。

**3.** 副詞的用法：umやohneとの組み合わせで目的や状況などを表わす。
　**a** um ... zu不定詞：「～するために」

> Peter geht in die Küche, **um Tee zu kochen**.　　　ペーターはお茶をわかすため台所に行く。

　**b** ohne ... zu不定詞：「～せずに」

> Er ging weg, **ohne uns zu begrüßen**.　　　彼は私たちに挨拶せず出て行った。

# ➜ *Übung*　🎧46–47

次のメール2通をペア同士で交互に読み上げ、内容を確認しましょう。

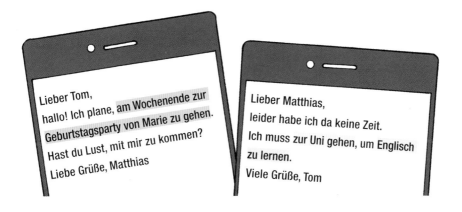

Lieber Tom,
hallo! Ich plane, am Wochenende zur Geburtstagsparty von Marie zu gehen.
Hast du Lust, mit mir zu kommen?
Liebe Grüße, Matthias

Lieber Matthias,
leider habe ich da keine Zeit.
Ich muss zur Uni gehen, um Englisch zu lernen.
Viele Grüße, Tom

指示にしたがい、色付きの表現を他の表現に置き換え、別の会話を完成させてください。なお、場合によっては **zu** を補う必要があります。

a　am Montag im Kaufhaus ein|kaufen　　zu Hause bleiben　　　auf|räumen

b　nächste Woche nach Osaka fahren　　zum Bahnhof gehen　　einen Gast ab|holen

# ➜ *Kommunikation*

あなたに次の勧誘メールが届きましたが、応じることができません。断りのメールを作成してください。なお、1回は **zu** 不定詞句を使用しましょう。

Liebe/Lieber ××
hallo, wie geht´s dir? Hast du am Sonntag Zeit?
Ich gehe mit Paul ins Kino. Kommst du auch mit?
Liebe Grüße, Marie

**WORT**　meiner Mutter helfen 母を手伝う
meine Oma besuchen
　　　　　　　　　　祖母を訪ねる
viel schlafen たくさん眠る
jobben アルバイトする
Klavier üben ピアノの練習をする
meine Schwester ab|holen
　　　　　　　　姉を迎えに行く

文面が完成したら、ペア同士で、どのように勧誘を断るつもりなのか紹介し合ってください。

## *Grammatik*

### 2 　現在分詞と過去分詞の用法　　　　　　　　　　動詞のようで形容詞みたいな表現

動詞には、過去分詞の他に**現在分詞**という形があります。

● 現在分詞は、動詞の不定詞形に語尾 -d を付けてつくります。

> schlafen（眠る）→ schlafend　　　　lächeln（微笑む）→ lächelnd

・ ただし、動詞 sein, tun は現在分詞のつくり方が特殊です。

> sein（～である）→ **seiend**　　　　tun（する）→ **tuend**

● 現在分詞・過去分詞は、以下の使い方ができます。

**1.** 形容詞と同じ格語尾を付けて名詞の前に置き、その名詞の表わす内容に詳しい説明を加える。
　　現在分詞：「～している（最中の）」

> ein **schlafendes** Baby　　　　　　　　　　眠っている赤ちゃん
> die auf den Zug **wartenden** Leute　　　　　列車を待っている人々

　　過去分詞：（他動詞）→「～された」
　　　　　　　（自動詞）→「～した・～してしまった」

> ein **gestohlenes** Auto　　　　　　　　　　盗まれた自動車
> die **gefallenen** Blätter　　　　　　　　　　落ちてしまった葉（落ち葉）

**2.** 文中で動詞が表わす動作に補足説明を加える。
　　現在分詞：「～しながら」

> Er hat **schweigend** die Suppe gegessen.（schweigen 黙る）
> 　　　　　　　　　　　　　　　　　　　　　彼は黙ってスープを口にした。

　　過去分詞：「～された状態で・～した状態で」

> Sie ist **beruhigt** nach Hause gegangen.（beruhigen 落ち着かせる）
> 　　　　　　　　　　　　　　　　　　　　　彼女は落ち着き払って帰宅した。

・ 現在分詞の中には、形容詞化され、述語として使えるものがあります。

> Der Film ist neu und **spannend**.（spannen ハラハラさせる）
> 　　　　　　　　　　　　　　　　　　その映画は新しくてスリルがある。

### 3 　非人称 es の用法　　　　　　　　　　　　　意味的に空の es がある

es は、具体的な意味内容をもたず、文の主語として用いられる場合があります（**非人称 es**）。

・ 主語が非人称 es の場合、動詞は必ず 3 人称単数形をとります。

**1.** 天候・自然現象・時刻

| | | | |
|---|---|---|---|
| Es regnet. | 雨が降る。 | Wie spät ist es? | 何時ですか。 |
| Es wird dunkel. | 暗くなる。 | Wie viel Uhr ist es? | 何時ですか。 |
| Es ist kalt. | 寒い。 | Es ist neun Uhr zehn. | 9 時 10 分です。 |

**2.** 熟語表現

> es gibt ...⁴　～がある
> 　Da **gibt es** einen Zoo.　　　そこに動物園があります。
> es geht ...³　～の調子・具合は～だ
> 　Wie **geht es** Ihnen?　　　　お元気ですか。
> 　- Danke, **es geht** mir gut.　－ありがとう、元気です。

## ➡ Übung 🎧48

**1** 日本語訳を参照しながら、カッコ内の動詞を適切な分詞に変化させ、下線部に記入してください。会話文が完成したら、ペア同士で交互に読み上げ、内容を確認しましょう。

Ist das dein _____(stehlen) Fahrrad? [盗まれた] Wo hast du es gefunden?

Im Stadtpark. Dabei war auch ein _____(brechen) Regenschirm. [折れた]

Und was macht der _____(singen) Mann mit dem Fahrrad? [歌っている]

Er repariert den _____(platzen) Reifen. [パンクした]

Guck mal! Der Mann hat einen _____(strahlen) Apparat in der Hand. [光り輝いている]

Stimmt. Was ist das denn? Vielleicht ein Hammer?

## ➡ Kommunikation

**2** 例 にならい、ペア同士で a, b, c, d の気象状況を紹介し合ってください。

In Berlin schneit es.

**WORT** regnen 雨が降る
heiß 暑い　wolkig くもっている
kalt 寒い

a

b

c

d

## ➡ Kommunikation

以下の空欄部に3通りの時刻を数字で記入してください。その上で、例 にならってペア同士で質問し合い、相手がドイツ語で読み上げた時刻を自分の回答欄に数字で記入しましょう。

a [　：　]　　b [　：　]　　c [　：　]

例 A　Wie spät ist es?

　　B　Es ist vierzehn Uhr dreiundfünfzig.

相手の答え
a ___ : ___　b ___ : ___　c ___ : ___

### Kaffeepause 　住居　　▶ コラム動画

　日々の生活空間である家に関しても、ドイツ語圏と日本とではいろいろな違いがあります。例えば、ドイツ語圏の家では玄関のドアがオートロック式。鍵をもたずにドアをバタンと閉めるとそれきり入室できなくなってしまうので、油断できません。また、気候風土や生活習慣を反映してか、日本の家であればたいてい備え付けてあるものがドイツ語圏では設置されていません。それは何でしょうか。次のうちから2つ選んでください。

　　a 靴入れ　　b エアコン　　c 換気扇　　d ガスコンロ

# 再帰表現、関係代名詞

- 再帰代名詞
- 再帰動詞
- 関係文と関係代名詞
- 関係代名詞の形と用法

## Dialog 🎧49 ▶️ スキット動画

Erinnerst du dich noch an die Party,
bei der Herr Suzuki Geige gespielt hat?

Ja, natürlich! Das hat mir viel Spaß gemacht.
Ich freue mich auf sein Konzert, das nächste Woche
in Chiba stattfindet.

## Grammatik

### 1 再帰代名詞

「自分に」や「自分を」の表わし方

主語と同じものを指す代名詞を**再帰代名詞**といいます。3格と4格があります。

|  | 単数 | | | 複数 | | | 敬称2人称 |
|---|---|---|---|---|---|---|---|
|  | 1人称 ich | 2人称 du | 3人称 er/sie/es | 1人称 wir | 2人称 ihr | 3人称 sie | Sie |
| 3格 | mir | dir | **sich** | uns | euch | **sich** | sich |
| 4格 | mich | dich | **sich** | uns | euch | **sich** | sich |

Thomas hasst mich.        トーマスは私のことを憎んでいる。

Thomas hasst **sich**[4].        トーマスは自分のことを憎んでいる。

Maria war mit Katrin und bestellte ihr Tee.

         マリアはカトリンと一緒にいて、彼女にお茶を注文してあげた。

Maria war mit Katrin und bestellte **sich**[3] Tee.

         マリアはカトリンと一緒にいて、自分用にお茶を注文した。

- 再帰代名詞には「お互い」を表わす用法もあります。

Die Studenten kennen **sich**[4] gut.    その男子学生たちはお互いのことをよく知っている。

Wir helfen **uns**[3] oft.            我々はよく互いに助け合っている。

### 2 再帰動詞

再帰代名詞が必要な表現もある

再帰代名詞と結びついてひとまとまりの意味を表わす動詞を**再帰動詞**といいます。

- 再帰動詞は特定の前置詞とともに用いることがよくあります。

sich[4] auf ...[4] freuen ～を楽しみにする

**Ich freue mich auf die Party.**          私はパーティーが楽しみだ。

sich[4] an ...[4] erinnern ～を覚えている、～を思い出す

**Ich erinnere mich gut an das Fest.**      私はそのお祭りのことをよく覚えている。

sich[4] um ...[4] kümmern ～の面倒を見る

**Elisa kümmert sich um ihr Kind.**      エリーザは自分の子供の面倒を見ている。

## ➡ Übung  🎧 50–51

**1** 下線部に適切な再帰代名詞を記入してください。会話文が完成したら、ペア同士で交互に読み上げ、内容を確認しましょう。

> 👩 Hallo! Setz _____ doch hin und bestell _____ etwas!

> Danke! Wir haben _____ lange nicht gesehen, oder? 🧑

> 👩 Stimmt. Letztes Mal haben wir bei einer Party gesprochen. Erinnerst du _____ noch an die Party?

> Ja, da habe ich zu viel getrunken. Ich schäme _____ immer noch für mein Verhalten. 🧑

**2** 以下の会話文をペア同士で交互に読み上げ、内容を確認してください。
また、会話内の表現を、色ごとに他の表現に置き換え、別の会話をつくりましょう。

 ▶ スキット動画

> 👩 Hallo! Kannst du dich beeilen? Die Sitzung fängt bald an!

> Tut mir leid, aber ich komme heute nicht.
> Mein Kind fürchtet sich, wenn es zu Hause allein ist. 👩

> 👩 Alles klar. Musst du dich den ganzen Tag um dein Kind kümmern?

> Genau. Kannst du dich morgen wieder bei mir melden? 👩

Sie     Kinder

## ➡ Kommunikation

ペア同士で、以下の各質問について相手の答えを聞き出し合いましょう。答えるときは、質問ごとに3つの選択肢のうちいずれかを選び、„Ich ...“ から始まる文のかたちで伝えてください。

a Worauf freust du dich besonders?
何が特に楽しみですか？

男 der Frühling    複 die Ferien    男 mein Geburtstag

b Worauf möchtest du dich gerne setzen?
どれに座りたいですか？

中 das Sofa    男 der Sessel    男 der Tatami

c Wovor fürchtest du dich besonders?
何が特に怖いですか？

女 eine Schlange    女 eine Spinne    男 ein Bär

d Wofür interessierst du dich besonders?
特に興味があるのは何ですか？

女 Musik    女 Kunst    女 Architektur

39

## Grammatik

### **3** 関係文と関係代名詞 　　　　　　　　　　　　　　　「いま話している女性」を表わすには

ある名詞の表わす内容に詳しい説明を加える手段として、**関係文**という表現があります。

- 関係文の先頭には必ず**関係代名詞**を置きます。
- 関係文の中の動詞は必ず文末に置きます。

　　　　　Die Frau, **die** jetzt spricht, ist meine Chefin. 　いま話している女性は私の上司です。
　　　　　先行詞　関係代名詞　　　関係文

- 関係文によって詳しく説明される内容を表わす名詞のことを**先行詞**といいます。
- 関係文とそれ以外の表現との境界は、必ずコンマを付けて区別します。

### **4** 関係代名詞の形と用法 　　　　　　　　　　　　　　　　　　関係代名詞は形が変わる

関係代名詞は性・数・格に応じて形が変化します。

|  | 男性 | 女性 | 中性 | 複数 |
|---|---|---|---|---|
| 1格 | der | die | das | die |
| 2格 | **dessen** | **deren** | **dessen** | **deren** |
| 3格 | dem | der | dem | **denen** |
| 4格 | den | die | das | die |

- 関係代名詞の形と用法については、以下の注意点があります。

　1. 性・数は先行詞の性・数に一致させる。

　2. 格は、関係文のなかでの関係代名詞の働き（主語なのか目的語なのか、など）によって決まる。

　　1格： Ich hasse den Sänger. Der Sänger singt jetzt.
　　　　　⇔ Ich hasse den Sänger, **der** jetzt singt. 　　　僕は、いま歌っている歌手が大嫌いだ。

　　2格： Ich hasse den Sänger. Die Stimme des Sängers ist furchtbar.
　　　　　⇔ Ich hasse den Sänger, **dessen** Stimme furchtbar ist.
　　　　　　　　　　　　　　　　　　　　　　　　　　僕は、声のひどいその歌手が大嫌いだ。

　　3格： Ich hasse den Sänger. Die Leute applaudieren dem Sänger.
　　　　　⇔ Ich hasse den Sänger, **dem** die Leute applaudieren.
　　　　　　　　　　　　　　　　　　　　　　　　僕は、人々が拍手喝采しているその歌手が大嫌いだ。

　　4格： Ich hasse den Sänger. Du lobst den Sänger.
　　　　　⇔ Ich hasse den Sänger, **den** du lobst. 　　僕は、君がほめたたえているその歌手が大嫌いだ。

　3. 関係代名詞が前置詞句の一部にあたる場合は、その前置詞＋関係代名詞というまとまりにして関係文の先
　　　頭に置く。

　　Ich hasse den Sänger. Du sprichst von dem Sänger.
　　　⇔ Ich hasse den Sänger, **von dem** du sprichst. 　　僕は、君が話題にしているその歌手が大嫌いだ。

　4. 関係代名詞のなかには、先行詞を必要としないものもある（wer「～する者」、was「～する物」）。

　　**Wer** hier fleißig arbeitet, kann viel verdienen. 　　ここで熱心に働く者はたくさん稼ぐことができます。
　　**Was** viel kostet, ist nicht unbedingt gut. 　　　　値段のかかる物が必ずしもよいとは限らない。

## 🡒 Übung 🎧52

枠ごとに適切な関係代名詞を選び、カッコ内の動詞および助動詞を適切な形に変えて下線部に記入してください。
会話文が完成したら、ペア同士で交互に読み上げ、内容を確認しましょう。

Wo ist die Journalistin,
[ die / der ] dich heute interviewen _____ (wollen)?

Sie hat gerade ein anderes Interview
mit einem Professor, [ der / den ] du gut _____ (kennen).

Sind die zwei im Café, in [ dem / das ] du oft Kaffee _____ (trinken)?

Nein, sie sind im Hotel,
[ dessen / das ] Skylounge wir manchmal _____ (besuchen).

## 🡒 Kommunikation

ペアのうち、一方が次のメールを読み上げてください。もう一方は、メール中の質問に関係文を使って答えてください。

**WORT** auf dem Fernsehen テレビの上
unter dem Sofa ソファの下
schlafen 眠る　sitzen 座る

Mir gefällt die Katze, die … .

役割を交代しましょう。

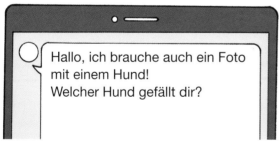

**WORT** tragen 抱える
füttern えさをやる
Mann 男性　Frau 女性

Mir gefällt der Hund, den … .

**Kaffeepause** エレベーター　▶ コラム動画

　私たちが日常生活の中で何気なく使っているものにも、ドイツ語圏と日本とでは違いがあります。例えばドイツ語圏のエレベーターには日本のエレベーターと異なる点があり、注意が必要です。ドイツ語圏のエレベーターに乗って階数表示を見ると、①の下にⓔというボタンがあります。このボタンのE、何を指しているのでしょうか。

## Lektion 11 受動態

- 受動態
- 受動文と能動文との関係
- 受動文の時制
- 自動詞を用いた受動文
- 状態受動

## *Dialog* 🎧53 ▶️ スキット動画

Der Tempel ist wunderschön. Wie heißt er denn?

Der Tempel heißt Kinkaku-ji (Rokuon-ji). Er steht in Kyoto.
Der Kinkaku-ji wurde 1397 errichtet.
Er wird jährlich von etwa sechs Millionen Touristen besucht
und ist ganzjährig für Besucher geöffnet.

## *Grammatik*

### 1 受動態 「～される」の表わし方

ドイツ語の受動文は、受動の助動詞werdenと本動詞の過去分詞を組み合わせてつくります。

- 日本語の「～される」に相当する表現の仕方を**受動**といいます。
- 日本語の「～する」に相当する表現の仕方を**能動**といいます。

● 受動文をつくる場合、助動詞werdenは人称変化させ、定動詞と同じ位置に置きます。
　本動詞の過去分詞は文末に置きます。

| | | |
|---|---|---|
| 平叙文： | Der Schüler **wird gelobt**. | その生徒はほめられる。 |
| 補足疑問文： | Warum **wird** der Schüler **gelobt**? | なぜその生徒はほめられるのですか。 |
| 決定疑問文： | **Wird** der Schüler **gelobt**? | その生徒はほめられるのですか。 |

- 副文では受動の助動詞を文末に置きます。

　Glaubst du, dass der Schüler **gelobt wird**? 　　その生徒はほめられると思いますか。

### 2 受動文と能動文との関係 「～する」から「～される」へ

能動文から受動文をつくるときには、いくつか注意点があります。

1. 受動文の主語は必ず1格。

2. 受動文の主語になるのは能動文の4格目的語のみ。

3. 受動文において、動作主体は前置詞von＋3格名詞で表わす。

　能 Mein Vater repariert den Wagen. 　　父はその車を修理する。

　受 Der Wagen wird (**von meinem Vater**) repariert. 　　その車は父によって修理される。

　能 Die Frau schenkt dem Kind einen Ball. 　　女性はその子にボールを贈る。

　受 Dem Kind wird (**von der Frau**) ein Ball geschenkt. 　　その子には女性からボールが贈られる。

4. 原因・手段は、受動文では前置詞durch＋4格名詞を使って表わす。

　能 Der Sturm zerstört die Dörfer. 　　嵐がその村々を破壊する。

　受 Die Dörfer werden (**durch den Sturm**) zerstört. 　　その村々は嵐によって破壊される。

5. 受動文において、動作主体や原因・手段は必ずしも表現する必要がない。

　能 In diesem Land spricht man Deutsch. 　　この国ではドイツ語を話します。

　受 In diesem Land wird Deutsch gesprochen. 　　この国ではドイツ語が話されています。

42

Lektion 1
Lektion 2
Lektion 3
Lektion 4
Lektion 5
Lektion 6
Lektion 7
Lektion 8
Lektion 9
Lektion 10
Lektion 11
Lektion 12

## ⤷ Übung 🎧 54–55

**1** 以下は、あるドイツの名城に関する紹介文の一部とその訳です。枠内に助動詞 **werden** の現在形を記入し、完成させた紹介文をペア同士で交互に読み上げましょう。

Das Schloss Neuschwanstein [　　　　　] von der Bayerischen

　Verwaltung betreut und bewirtschaftet.

Manchmal [　　　　　] das Schloss

　als „Märchenschloss" bezeichnet.

Es [　　　　　] jährlich von etwa 1,5 Millionen

　Touristen besucht.

Die öffentlichen Führungen [　　　　　] dreimal pro Tag durchgeführt.

Auf der Website [　　　　　] die Informationen stets aktualisiert.

ノイシュヴァンシュタイン城はバイエルン州の行政当局によって維持ならびに経営管理されています。この城は「メルヘンのお城」と称されることがあります。年間およそ150万人の観光客が訪れます。公式の案内ツアーは1日に3回実施されています。ホームページでは関連情報が絶えず更新されています。

**2** 枠内に助動詞 **werden** の現在形を記入し、カッコ内の動詞を適切な形に変えて下線部に記入してください。会話文が完成したら、ペア同士で交互に読み上げ、内容を確認しましょう。

Guck mal! [　　　　　] das ganze
Kaufhaus ＿＿＿＿＿＿＿＿ (renovieren)?

Nein! Es [　　　　　] ＿＿＿＿＿＿＿＿ (ab|reißen).

Was? [　　　　　] das Geschäft bald ＿＿＿＿＿＿＿＿ (schließen)?

Genau. Später [　　　　　] hier einige neue Gebäude ＿＿＿＿＿＿＿＿ (bauen).

## ⤷ Kommunikation

ペア同士で、例 にならい受身文を使って、次の行為・活動がドイツでどのくらい盛んだと思うか尋ね合ってください。

例　A　Wird Kendo in Deutschland oft getrieben?

　　B　Ich glaube, in Deutschland wird Kendo nicht so oft getrieben.

Kendo treiben
剣道をする

a

die klassische Musik hören
クラシック音楽を聴く

b

Baseball spielen
野球をする

c

Mangas lesen
マンガを読む

d

Matcha trinken
抹茶を飲む

e

Kakis essen
柿を食べる

# Grammatik

## 3 受動文の時制

「～される」と「～された」の区別

受動文の時制は、受動の助動詞werdenを変化させることで区別します。

現在： 　werdenの現在形＋過去分詞

Der Schüler **wird** gelobt.

過去： 　werdenの過去形＋過去分詞

Der Schüler **wurde** gelobt.

現在完了： seinの現在形＋過去分詞＋worden

Der Schüler **ist** gelobt **worden**.

- 受動の助動詞werdenと本動詞としてのwerden（～になる）とでは過去分詞の形が異なります。本動詞werdenの過去分詞はgewordenです。

Das Kind wird krank. 　　　　　　　　　　　　その子は病気になる。

Das Kind **ist** krank **geworden**. 　　　　　　その子は病気になった。

## 4 自動詞を用いた受動文

主語がない受動文もある

自動詞（4格目的語をもたない動詞）からも受動文をつくることができます。

Den Kindern **wird** geholfen. 　　　　　　　その子たちには手助けがなされます。

Früher **wurde** in diesem Raum gekocht. 　かつてはこの部屋で調理がおこなわれていました。

● 自動詞を用いた受動文に関する注意点は以下のとおりです。

1. 主語（1格名詞）はない。
2. 助動詞werdenは必ず3人称単数形。
3. 文頭を埋める表現が何もない場合に限り、形式的にesを補う。

**Es** wird geholfen. 　　　　　　　　　　　手助けがなされます。

## 5 状態受動

「～された」後の状態を表わすには

「～された」後の状態を表わす受動文があります。これを**状態受動**といいます。

● 状態受動は、助動詞seinと本動詞の過去分詞とを組み合わせてつくります。

Der Laden **ist** seit einem Monat geöffnet. 　その店は1ヶ月前から開店しています。

**Ist** der Wagen repariert? 　　　　　　　　車は修理してありますか。

Der Kuchen **war** schon gebacken. 　　　　ケーキはもう焼いてありました。

# → Übung 🎧56-57

**1** 以下は、ノイシュヴァンシュタイン城に関する紹介文の一部とその訳です。枠内に助動詞**werden**もしくは**sein**の適切な変化形を記入し、完成させた紹介文をペア同士で交互に読み上げましょう。

Das Schloss Neuschwanstein [　　　　　　　] für den
bayerischen König Ludwig II. errichtet.

Mit dem Bau des Schlosses [　　　　　　　] 1869 begonnen.

Als der König gestorben ist, [　　　　　　　] der Bau unterbrochen.

Heute [　　　　　　　] das Schloss nahezu ganzjährig für Besucher geöffnet.

ノイシュヴァンシュタイン城はバイエルン王ルートヴィヒ2世のために建てられました。城の建築工事は1869年に開始されました。王が死去したとき、その工事は中止されました。今日では、城はほぼ1年中、見物客のために公開されています。

**2** 枠内に助動詞**werden**の過去形を記入し、カッコ内の動詞を適切な形に変えて下線部に記入してください。会話文が完成したら、ペア同士で交互に読み上げ、内容を確認しましょう。

Weißt du, dass das berühmte Bild im Museum
_____ (stehlen) [　　　　] ?

Ja, aber es [　　　　] schon _____ (entdecken).

Wirklich? Wo [　　　　] es _____ (finden)?

Im Keller eines Büros. Ein Mann war dabei.
Der Mann [　　　　] _____ (verhaften).

Ein Mann? Was wollte er mit dem Bild machen?

Das weiß ich nicht. Nach einem Motiv [　　　　] von
der Polizei _____ (suchen).
Seine Kollegen [　　　　] auch _____ (vor|laden).

[　　　　] der Mann schon _____ (entlassen)?

Nein, noch nicht.

**Kaffeepause** クリスマスマーケット　▶ コラム動画

　ドイツ語圏の冬の風物詩といえば何と言ってもクリスマスマーケット (Weihnachtsmarkt) でしょう。この時期のドイツ語圏は、暗く寒さの厳しい日々が続きますが、それだけにきれいな明りで彩られるマーケットはひときわ幻想的で美しく、訪れる人々を魅了してくれます。さて、このクリスマスイベント、　般的には12月の何日まで開催されているのでしょうか。

**a** 23日　**b** 24日　**c** 25日　**d** 26日

45

# Lektion 12　接続法

- 接続法とは何か
- 接続法第1式のつくり方
- 接続法第1式の用法
- 接続法第2式のつくり方
- 接続法第2式の用法

## Dialog 🎧58　▶️ スキット動画

Weißt du schon? Takeshi sagt, er sei krank und komme nicht.

Oh, nein! Wenn er da wäre, könnten wir das Fahrgeld sparen.

Rufen wir trotzdem ein Taxi. Das mache ich. Könntest du warten?

## Grammatik

### 1　接続法とは何か　　　　　　　　　　　　特殊な動詞の形

- 11課までで取り上げてきた動詞の形のうち大半は**直説法**といって、基本的に事実をありのままに伝えるのに使います。ただし、du, ihr に対する命令文で使う動詞の形は**命令法**といいます。
- 直説法・命令法とは別に、思い描いている事柄を表わす場合や他者が言っている事柄を中立的に伝える場合に使われる動詞（および助動詞）の形があります。その形を**接続法**といいます。
- 接続法には**接続法第1式**と**接続法第2式**の2種類があります。

### 2　接続法第1式のつくり方　　　　　　　　　現在形と似て非なる形

接続法第1式には基本形があり、不定詞の語幹に語尾 -e を付けてつくります。
- 基本形には人称変化があり、直説法過去の場合と同じ人称変化語尾を付けます（sein は例外）。

| 不定詞 | | lernen | lesen | kommen | sein | haben | werden | können |
|---|---|---|---|---|---|---|---|---|
| 接続法第1式基本形 | | lerne | lese | komme | sei | habe | werde | könne |
| ich | - | lerne | lese | komme | sei | habe | werde | könne |
| du | -st | lernest | lesest | kommest | seiest | habest | werdest | könnest |
| er/sie/es | - | lerne | lese | komme | sei | habe | werde | könne |
| wir | -n | lernen | lesen | kommen | seien | haben | werden | können |
| ihr | -t | lernet | leset | kommet | seiet | habet | werdet | könnet |
| sie/Sie | -n | lernen | lesen | kommen | seien | haben | werden | können |

### 3　接続法第1式の用法　　　　　　　　　　　引用・要求などに使う

接続法第1式は、**間接話法**と**要求話法**という表現の仕方に使われます。

1. 間接話法：他者の発言を話し手の立場から言い直すような伝え方のこと。
   - 他者の発言を引用符に入れて再現するような伝え方は**直接話法**といいます。

| 直接話法 | 間接話法 |
|---|---|

Er sagte: „Ich bin müde."　　　　　Er sagte, er **sei** müde.　　　彼は「僕は疲れている」と言った。

　　　　　　　　　　　　　　　　　Er sagt, dass er müde **sei**.

Sie sagte zu mir:

„Ich rufe dich später."　　　　　　Sie sagte mir, sie **rufe** mich später.

　　　　　　　　　　　　　　　　　Sie sagte mir, dass sie mich später **rufe**.

彼女は私に「あとで私があなたを呼ぶわ」と言った。

# ➥ Übung  🎧 59–61

**1** カッコ内の動詞を接続法に変化させ、間接話法からなる引用部を完成させてください。会話文が完成したら、ペア同士で交互に読み上げ、内容を確認しましょう。

> Was? Sagt die Ministerin,
>   sie _____ (sein) unschuldig?

> Ja, sie behauptet, sie _____ (wissen) nichts
>   und sie _____ (kennen) den Politiker auch nicht.

> Der Politiker sagt doch, er _____ (unterstützen) sie schon lange!

**2** 接続法を用いて次の発言部分を表現し直しましょう。記入例にならい、必要な変更点を該当箇所の下に直接記入してください。記入が済んだら、ペア同士で交互に読み上げ、内容を確認しましょう。

Meine Chefin sagt: „*Mein Mann ist krank und bleibt im Bett. Er hat auch Fieber. Ich muss heute um 14 Uhr nach Hause gehen. Dafür bitte ich Sie um Verständnis. Dieses Dokument sollen Sie noch heute fertig schreiben. Diese Arbeit können Sie auch ohne mich machen. Ich rufe Sie später an.*"

Meine Chefin sagt, ~~mein~~ Mann ~~ist~~ krank und bleibt im Bett. Er hat auch Fieber.
              ihr      sei

Ich muss heute um 14 Uhr nach Hause gehen. Dafür bitte ich Sie um Verständnis.

Dieses Dokument sollen Sie noch heute fertig schreiben.

Diese Arbeit können Sie auch ohne mich machen. Ich rufe Sie später an.

---

### 補足

- 接続法第1式が直説法と同じ形になる場合に限り、接続法第2式を代わりに使います。

| 直接話法 | 間接話法 |
|---|---|
| Sie sagen: „Wir haben Hunger." | Sie sagen, sie **hätten** Hunger. |

彼らは「僕たちはお腹が空いた」と言う。

- 引用部が疑問文である場合、間接話法では動詞を必ず文末に置きます。

| 直接話法 | 間接話法 |
|---|---|
| Er fragt: „Wer hat Hunger?" | Er fragt, wer Hunger **habe**. |

彼は「お腹が空いているのは誰」と尋ねる。

- 引用部が過去の事柄を表わす場合、間接話法では完了形を使います。

| 直接話法 | 間接話法 |
|---|---|
| Er sagt: „Ich war müde." | Er sagt, er **sei** müde **gewesen**. |

彼は「僕は疲れていたんだ」と言う。

| | |
|---|---|
| Er sagte: „Ich habe nichts gesehen." | Er sagte, er **habe** nichts **gesehen**. |

彼は「僕は何も見なかったよ」と言った。

# Grammatik

**2.** 要求話法：「～するように」、「～であれ」といった要求・願望の伝え方のこと。

Man **nehme** täglich dreimal eine Tablette.　　日に３回、錠剤１錠を飲むこと。

Gott **schütze** uns!　　私たちに神のご加護があらんことを！

**Seien** Sie ruhig!　　静かにしなさい！

・敬称２人称Sieに対する命令文はこの要求話法に相当します。

## 4　接続法第２式のつくり方　　過去形と似て非なる形

接続法第２式にも基本形があり、過去基本形に語尾 -e を付けてつくります。

●第２式基本形は直説法過去の場合と同じように人称変化します。

| 不定詞 | | lernen | lesen | kommen | sein | haben | werden | können |
|---|---|---|---|---|---|---|---|---|
| 過去基本形 | | lernte | las | kam | war | hatte | wurde | konnte |
| 接続法第２式基本形 | | lernte | läse | käme | wäre | hätte | würde | könnte |
| ich | - | lernte | läse | käme | wäre | hätte | würde | könnte |
| du | -st | lerntest | läsest | kämest | wärest | hättest | würdest | könntest |
| er/sie/es | - | lernte | läse | käme | wäre | hätte | würde | könnte |
| wir | -n | lernten | läsen | kämen | wären | hätten | würden | könnten |
| ihr | -t | lerntet | läset | kämet | wäret | hättet | würdet | könntet |
| sie/Sie | -n | lernten | läsen | kämen | wären | hätten | würden | könnten |

＊不規則動詞の母音a, o, uは変音（ウムラオト）します。

## 5　接続法第２式の用法　　仮の話や遠慮がちな物言いに使う

接続法第２式は主に、**非現実話法**と**婉曲話法**という表現の仕方に使われます。

・sein, haben など一部を除いては、動詞と würde を組み合わせて表現するのが一般的です。

**1.** 非現実話法：実際にはない事柄を仮のこととして述べる方法のこと。

Wenn ich jetzt mehr Zeit **hätte**, **würde** ich gleich zu dir kommen.

もしいま時間がもっとあれば、すぐ君のところに行くのだが。

Wenn er tapfer **wäre**, **würde** er das ganz allein machen.

もし彼が勇敢ならば、たった独りでそれをやるだろうに。

・過去の事実に反する事柄を述べる場合は完了形を用い、助動詞を接続法第２式に変化させます。

Wenn ich damals mehr Zeit gehabt **hätte**, **wäre** ich gleich zu dir gekommen.

もしあのとき時間がもっとあれば、すぐ君のところに行ったのだが。

Wenn er tapfer gewesen **wäre**, **hätte** er das ganz allein gemacht.

もし彼が勇敢だったならば、たった独りでそれをやったことだろうに。

**2.** 婉曲話法：控えめで丁寧な述べ方のこと。

Ich **hätte** gern eine Tasse Kaffee.　　コーヒーを１杯いただきたいのですが。

**Könnten** Sie noch lauter sprechen?　　もう少し大きな声でお話しいただけますでしょうか。

## ➡ Übung 🎧62

カッコ内の動詞および助動詞を接続法第2式に変化させてください。会話文が完成したら、ペア同士で交互に読み上げ、内容を確認しましょう。

> Ich möchte gleich zu Ihnen kommen, aber mein Auto ist kaputt.
> _____ (können) Sie zu mir kommen?
> Dafür _____ (sein) ich Ihnen sehr dankbar.

> Nein, leider nicht. Wenn Sie mir das noch
>  früher gesagt _____ (haben),
>  _____ (sein) ich sehr gerne zu Ihnen gekommen.
> Wissen Sie? Vor zehn Minuten ist mein Auto kaputt gegangen.

## ➡ Kommunikation

例 にならい、仮に自分が特殊な状況に置かれたら何をするか、ペア同士で尋ね合いましょう。

例 Situation: Du bist ein Vogel.

　A Was würdest du machen, wenn du ein Vogel wärest?

　B Wenn ich ein Vogel wäre, würde ich jeden Morgen singen.
　　Und was würdest du machen, wenn du ein Vogel wärest?

> Situation 1: Du hast ein Jahr lang Urlaub.
> Situation 2: Dein Lieblingssänger kommt zu dir.
> Situation 3: Du musst in einer Woche Japan für immer verlassen.
> Situation 4: Du bist ein Millionär/eine Millionärin.

**WORT**

| | | |
|---|---|---|
| ein Haus kaufen 家を買う | essen 食べる | um\|ziehen 引っ越す |
| ein\|kaufen 買い物をする | Baseball spielen 野球をする | ins Ausland gehen 外国へ行く |
| sparen 貯金する | ...⁴ treffen 〜に会う | den ganzen Tag schlafen 一日中寝る |
| Fotos machen 写真を撮る | ...⁴ ein\|laden 〜におごる | mit ...³ reden 〜と話す |
| sich³ die Hand schütteln 握手する | | |

### **Kaffeepause** | カーニバル | ▶️ コラム動画

　長い冬が終わりにさしかかる頃、ドイツ語圏の各地は、謝肉祭もしくはカーニバル (Karneval) と呼ばれる伝統行事の開催で活気づきます。写真は、ケルンでのカーニバルの様子で、ドイツ中部および北部に典型的なパレードの姿を捉えています。一方、ドイツ南部のパレードは雰囲気が少し異なります。とりわけパッと見てすぐに分かるのは楽隊の恰好なのですが、さて、南部ドイツのパレードにはどのような特徴があるのでしょうか。

49

スヴェン（Sven）さんが日本の駅について書いた文章を読み、設問に答えてください。

> Auf japanischen Bahnhöfen ist vieles ganz anders als in Deutschland. Auf die Bahnsteige kommt man nur durch eine Bahnsteigsperre. Dafür muss man mit seiner Fahrkarte die Sperre öffnen. Außerdem sind diese Eingänge sehr schmal. Ich finde es ein bisschen unpraktisch, wenn ich es eilig habe oder wenn ich mit einem groß____a Koffer reise.
>
> Auf den Bahnsteigen erklingt ein Signalton oder eine Melodie, wenn der Zug abfährt. Dazu kommen auch viele automatische Ansagen sowie Warnhinweise und Aufforderungen von Bahnmitarbeitern. Manchmal kommt das alles gleichzeitig, und man versteht kaum etwas. Das ist laut und nervt sehr. In Deutschland gibt es natürlich auch Ansagen, aber nur die wichtigst____b Dinge werden erklärt.
>
> Für mich ist es auch komisch, dass es in japanischen Bahnhöfen fast keine Mülleimer gibt. Wenn man am Kiosk oder am Automat etwas gekauft hat, muss man seinen Müll selber wegwerfen. Trotzdem ist der ganz____c Bahnhof sauber. Wie ist das möglich? Über die Sauberkeit in den Stationen bin ich einfach nur erstaunt.

**1.** a, b, c の下線部に合う語尾を、以下の解答欄に記入してください。

　a groß_____　　　　b wichtigst_____　　　　c ganz_____

**2.** 破線部の意味に最も近いものを次の中から選んでください。

　a Man versteht das meiste.

　b Man versteht fast nichts.

　c Man muss nichts verstehen.　　　　　　　_____

**3.** スヴェンさんが日本の駅について感心している点を次の中から選んでください。

　a ホームの手前に改札口が設置されていること

　b 構内アナウンスが充実していること

　c 駅構内にゴミがほとんど落ちていないこと　　　　　_____

ハンナ（Hanna）さんの日記を読み、内容に合うものを 1 ～ 7 から 3 つ選んでください。

Heute haben wir zum ersten Mal in einem japanischen Restaurant Soba gegessen. Als wir uns hingesetzt haben, hat der Kellner uns gleich ein Glas Wasser gebracht. Wir haben erfahren, dass man hier im Restaurant Wasser gratis bekommt. Und sogar Tee nach dem Essen. Das ist wirklich großzügig! In Europa kosten Getränke grundsätzlich etwas.

　Der Kellner hat uns auch ein gerolltes Tuch gegeben. Er hat es „Oshibori" genannt. Das Tuch war befeuchtet und sehr erfrischend. Das finde ich auch sehr nett. Dank des Oshibori braucht man nicht extra zur Toilette zu gehen, um sich die Hände zu waschen.

　Dann kam unser Gericht. Erstaunlicherweise haben viele Gäste neben uns beim Essen laute Geräusche gemacht. In Japan darf man beim Essen also schlürfen!? Bei uns sollte man das unbedingt vermeiden. Das Soba-Gericht hat mir übrigens gut geschmeckt. Das ist etwas ganz anderes als europäische Nudelsuppen.

　Bei der Rechnung wollte ich dem freundlichen Kellner etwas Trinkgeld geben. Das war aber gar nicht nötig. Der Mann hat nichts angenommen. In diesem Land bezahlt man nur den exakten Betrag. Natürlich habe ich mich beim Kellner trotzdem herzlich bedankt.

1.　ハンナは初めて和食レストランへ行った。

2.　ハンナが席に着いたとき、すでに水が置いてあった。

3.　ドイツでは、おしぼりは有料である。

4.　ドイツでも、音を立てて麺類を食べることは割とある。

5.　ハンナはそばを食べて、美味しいと思った。

6.　そば屋の店員はハンナからチップを受け取った。

7.　ハンナはお店を出るとき、店員にお礼を言った。　　　＿＿＿　＿＿＿　＿＿＿

# 付　録

## 1　時刻表現

時刻を尋ねたり伝えたりするときには非人称 es を用います。

Wie spät ist es? / Wie viel Uhr ist es?　　　　何時ですか。

— Es ist sechs Uhr. / Es ist achtzehn Uhr.　　18 時です。

● 時刻表現には、 公式な言い方と会話などで用いる平易な言い方の 2 通りがあります。

| | 公式な言い方 | 会話などでの平易な言い方 |
|---|---|---|
| 13:00 | dreizehn Uhr | ein Uhr / eins |
| 15:30 | fünfzehn Uhr dreißig | halb vier |
| 19:15 | neunzehn Uhr fünfzehn | Viertel nach sieben |
| 20:45 | zwanzig Uhr fünfundvierzig | Viertel vor neun |
| 16:10 | sechzehn Uhr zehn | zehn nach vier |
| 11:55 | elf Uhr fünfundfünfzig | fünf vor zwölf |

● 「～時に（～する）」 を表わす場合には前置詞 um を用います。

Um wie viel Uhr (kommst du)?　　何時に（君は来ますか）？

— Um zehn Uhr (komme ich).　　10 時に（来ます）。

## 2　序数

19 までは原則として基数に -t を付けます。 20 以上の場合は基数に -st を付けます。

| | | | | | |
|---|---|---|---|---|---|
| 1 | erst | 11 | elft | 21 | einundzwanzigst |
| 2 | zweit | 12 | zwölft | 22 | zweiundzwanzigst |
| 3 | dritt | 13 | dreizehnt | 30 | dreißigst |
| 4 | viert | 14 | vierzehnt | 40 | vierzigst |
| 5 | fünft | 15 | fünfzehnt | 100 | (ein)hundertst |
| 6 | sechst | 16 | sechzehnt | 101 | (ein)hunderterst |
| 7 | siebt | 17 | siebzehnt | 1000 | (ein)tausendst |
| 8 | acht | 18 | achtzehnt | | |
| 9 | neunt | 19 | neunzehnt | | |
| 10 | zehnt | 20 | zwanzigst | | |

## 文法に関する補足事項 ● ● ● ● ● ● ● ● ● ● ● ● ● ● ● ● ● ● ● ● ● ● ● ● ● ● ● ● ● ●

**❶ 3格目的語と4格目的語の順序** ➡ Lektion 3

定動詞の後ろに3格目的語と4格目的語を置く場合は、次の規則にしたがいます。

**1 どちらも定冠詞付き名詞・どちらも不定冠詞付き名詞：3格 > 4格**

| Wir schenken dem Mann das Fahrrad. | 私たちはその男性にその自転車を贈ります。 |
|---|---|
| Wir schenken einem Mann ein Fahrrad. | 私たちはある男性に1台の自転車を贈ります。 |

**2 一方は定冠詞付き名詞、もう一方は不定冠詞付き名詞：定 > 不定**

| Wir schenken dem Mann ein Fahrrad. | 私たちはその男性に1台の自転車を贈ります。 |
|---|---|
| Wir schenken das Fahrrad einem Mann. | 私たちはその自転車をある男性に贈ります。 |

**3 一方は名詞、もう一方は代名詞：代名詞 > 名詞**

| Wir schenken ihm ein Fahrrad. | 私たちは彼に1台の自転車を贈ります。 |
|---|---|
| Wir schenken es einem Mann. | 私たちはそれをある男性に贈ります。 |

**4 どちらも代名詞：4格 > 3格**

| Wir schenken es ihm. | 私たちはそれを彼に贈ります。 |
|---|---|

**❷ 男性弱変化名詞** ➡ Lektion 3

男性名詞の一部は単数1格以外のときに語尾 -(e)n が付きます（**男性弱変化名詞**）。

| | 単数 | 複数 |
|---|---|---|
| 1格 | der Student | die Studenten |
| 2格 | des Studenten | der Studenten |
| 3格 | dem Studenten | den Studenten |
| 4格 | den Studenten | die Studenten |

・男性弱変化名詞の多くは、語幹が -e, -ent, -ist で終わり、ヒトや動物を表わします。

Junge 少年　Mensch 人間　Patient 患者　Präsident 大統領　Hase ウサギ　Löwe ライオン

**❸ 注意すべき nicht の位置** ➡ Lektion 4

全文否定であっても次の場合は、「sein/werden + 形容詞・名詞」の場合と同じく、nicht は文末に置きません。

**1 動詞との意味的な結び付きが強い前置詞句がある：nicht は前置詞句の直前に置く。**

| Ich fahre <u>nach Berlin</u>. | 私はベルリンへ行きます。 |
|---|---|
| ⇔ Ich fahre nicht <u>nach Berlin</u>. | 私はベルリンへ行きません。 |

**2 「無冠詞名詞 + 特定の動詞」の組み合わせ：nicht は無冠詞名詞の直前に置く。**

**a** 言語の名称 + sprechen

| Ich spreche <u>Deutsch</u>. | 私はドイツ語を話します。 |
|---|---|
| ⇔ Ich spreche nicht <u>Deutsch</u>. | 私はドイツ語を話しません。 |

**b** 楽器の名称 + spielen

Thomas spielt <u>Klavier</u>.          トーマスはピアノを弾きます。
⇔ Thomas spielt **nicht** <u>Klavier</u>.     トーマスはピアノを弾きません。

**c** 乗り物の名称 + fahren

Mein Vater fährt <u>Auto</u>.          父は自動車を運転します。
⇔ Mein Vater fährt **nicht** <u>Auto</u>.     父は自動車を運転しません。

**④** 形容詞の名詞化   ➡ Lektion 8
形容詞は名詞的に用いることができます（形容詞の名詞化）。

| 男性（1格） | 女性（1格） | 複数（1格） | 中性（1格） |
|---|---|---|---|
| Reich**er** | Reich**e** | Reich**e** | (etwas) Schön**es** |
| der Reich**e** | die Reich**e** | die Reich**en** | das Schön**e** |
| ein Reich**er** | eine Reich**e** | | |
| 金持ちの男性 | 金持ちの女性 | 金持ちたち | 美しいもの・美 |

＊名詞的に用いる形容詞は、書き出しが大文字です。
＊男性・女性・複数の場合はヒトを表わし，中性の場合は事物を表わします。
＊語尾変化の仕方は、名詞の前に置かれる形容詞の格変化の仕方と同じです。

・中性の場合はよく etwas（何か〜であるもの），nichts（何も〜ではない）などと組み合わせて用います。
・現在分詞・過去分詞も，形容詞と同じく名詞的に用いることができます。

der Reisend**e** 旅行者（旅する者）     die Gefangen**en** 捕虜たち（囚われた者たち）

## 主要不規則動詞変化表

| 不定詞 | 直説法現在 | 過去基本形 | 接続法第2式 | 過去分詞 |
|---|---|---|---|---|
| **backen**<br>(パンなどを)焼く | *du* backst<br>*er* backt | **backte**<br>**(buk)** | backte<br>(büke) | **gebacken** |
| **befehlen**<br>命令する | *du* befiehlst<br>*er* befiehlt | **befahl** | beföhle | **befohlen** |
| **beginnen**<br>始める，始まる | | **begann** | begänne | **begonnen** |
| **bieten**<br>提供する | | **bot** | böte | **geboten** |
| **binden**<br>結ぶ | | **band** | bände | **gebunden** |
| **bitten**<br>たのむ | | **bat** | bäte | **gebeten** |
| **bleiben**<br>とどまる | | **blieb** | bliebe | **geblieben** |
| **braten**<br>(肉などを)焼く | *du* brätst<br>*er* brät | **briet** | briete | **gebraten** |
| **brechen**<br>破る，折る | *du* brichst<br>*er* bricht | **brach** | bräche | **gebrochen** |
| **brennen**<br>燃える | | **brannte** | brennte | **gebrannt** |
| **bringen**<br>持って来る | | **brachte** | brächte | **gebracht** |
| **denken**<br>考える | | **dachte** | dächte | **gedacht** |
| **dürfen**<br>…してもよい | *ich* darf<br>*du* darfst<br>*er* darf | **durfte** | dürfte | **gedurft**<br>**(dürfen)** |
| **empfehlen**<br>推薦する | *du* empfiehlst<br>*er* empfiehlt | **empfahl** | empföhle<br>(empfähle) | **empfohlen** |
| **erschrecken**<br>驚く | *du* erschrickst<br>*er* erschrickt | **erschrak** | erschräke | **erschrocken** |
| **essen**<br>食べる | *du* isst<br>*er* isst | **aß** | äße | **gegessen** |
| **fahren**<br>(乗物で)行く | *du* fährst<br>*er* fährt | **fuhr** | führe | **gefahren** |

| 不定詞 | 直説法現在 | 過去基本形 | 接続法第2式 | 過去分詞 |
|---|---|---|---|---|
| **fallen**<br>落ちる | *du* fällst<br>*er* fällt | **fiel** | fiele | **gefallen** |
| **fangen**<br>捕える | *du* fängst<br>*er* fängt | **fing** | finge | **gefangen** |
| **finden**<br>見つける | | **fand** | fände | **gefunden** |
| **fliegen**<br>飛ぶ | | **flog** | flöge | **geflogen** |
| **fliehen**<br>逃げる | | **floh** | flöhe | **geflohen** |
| **fließen**<br>流れる | | **floss** | flösse | **geflossen** |
| **frieren**<br>凍る | | **fror** | fröre | **gefroren** |
| **geben**<br>与える | *du* gibst<br>*er* gibt | **gab** | gäbe | **gegeben** |
| **gehen**<br>行く | | **ging** | ginge | **gegangen** |
| **gelingen**<br>成功する | | **gelang** | gelänge | **gelungen** |
| **gelten**<br>値する，有効である | *du* giltst<br>*er* gilt | **galt** | gölte | **gegolten** |
| **genießen**<br>享受する，楽しむ | | **genoss** | genösse | **genossen** |
| **geschehen**<br>起こる | *es* geschieht | **geschah** | geschähe | **geschehen** |
| **gewinnen**<br>獲得する，勝つ | | **gewann** | gewönne | **gewonnen** |
| **graben**<br>掘る | *du* gräbst<br>*er* gräbt | **grub** | grübe | **gegraben** |
| **greifen**<br>つかむ | | **griff** | griffe | **gegriffen** |
| **haben**<br>持っている | *ich* habe<br>*du* hast<br>*er* hat | **hatte** | hätte | **gehabt** |
| **halten**<br>持って(つかんで)いる | *du* hältst<br>*er* hält | **hielt** | hielte | **gehalten** |
| **hängen**<br>掛かっている | | **hing** | hinge | **gehangen** |

| 不定詞 | 直説法現在 | 過去基本形 | 接続法第2式 | 過去分詞 |
|---|---|---|---|---|
| **heben**<br>持ちあげる | | **hob** | höbe | **gehoben** |
| **heißen**<br>…と呼ばれる | | **hieß** | hieße | **geheißen** |
| **helfen**<br>助ける | du hilfst<br>er hilft | **half** | hülfe | **geholfen** |
| **kennen**<br>知っている | | **kannte** | kennte | **gekannt** |
| **kommen**<br>来る | | **kam** | käme | **gekommen** |
| **können**<br>…できる | ich kann<br>du kannst<br>er kann | **konnte** | könnte | **gekonnt**<br>**(können)** |
| **laden**<br>(荷を) 積む | du lädst<br>er lädt | **lud** | lüde | **geladen** |
| **lassen**<br>…させる | du lässt<br>er lässt | **ließ** | ließe | **gelassen**<br>**(lassen)** |
| **laufen**<br>走る | du läufst<br>er läuft | **lief** | liefe | **gelaufen** |
| **leiden**<br>悩む，苦しむ | | **litt** | litte | **gelitten** |
| **leihen**<br>貸す，借りる | | **lieh** | liehe | **geliehen** |
| **lesen**<br>読む | du liest<br>er liest | **las** | läse | **gelesen** |
| **liegen**<br>横たわっている | | **lag** | läge | **gelegen** |
| **lügen**<br>うそをつく | | **log** | löge | **gelogen** |
| **messen**<br>測る | du misst<br>er misst | **maß** | mäße | **gemessen** |
| **mögen**<br>…かもしれない | ich mag<br>du magst<br>er mag | **mochte** | möchte | **gemocht**<br>**(mögen)** |
| **müssen**<br>…ねばならない | ich muss<br>du musst<br>er muss | **musste** | müsste | **gemusst**<br>**(müssen)** |
| **nehmen**<br>取る | du nimmst<br>er nimmt | **nahm** | nähme | **genommen** |

| 不定詞 | 直説法現在 | | 過去基本形 | 接続法第2式 | 過去分詞 |
|---|---|---|---|---|---|
| **nennen**<br>…と呼ぶ | | | **nannte** | nennte | **genannt** |
| **raten**<br>助言する | *du*<br>*er* | rätst<br>rät | **riet** | riete | **geraten** |
| **reißen**<br>引きちぎる | *du*<br>*er* | reißt<br>reißt | **riss** | risse | **gerissen** |
| **reiten**<br>馬に乗る | | | **ritt** | ritte | **geritten** |
| **rennen**<br>走る | | | **rannte** | rennte | **gerannt** |
| **rufen**<br>叫ぶ，呼ぶ | | | **rief** | riefe | **gerufen** |
| **schaffen**<br>創造する | | | **schuf** | schüfe | **geschaffen** |
| **scheinen**<br>輝く，思われる | | | **schien** | schiene | **geschienen** |
| **schieben**<br>押す | | | **schob** | schöbe | **geschoben** |
| **schießen**<br>撃つ | | | **schoss** | schösse | **geschossen** |
| **schlafen**<br>眠る | *du*<br>*er* | schläfst<br>schläft | **schlief** | schliefe | **geschlafen** |
| **schlagen**<br>打つ | *du*<br>*er* | schlägst<br>schlägt | **schlug** | schlüge | **geschlagen** |
| **schließen**<br>閉じる | | | **schloss** | schlösse | **geschlossen** |
| **schmelzen**<br>溶ける | *du*<br>*er* | schmilzt<br>schmilzt | **schmolz** | schmölze | **geschmolzen** |
| **schneiden**<br>切る | | | **schnitt** | schnitte | **geschnitten** |
| **schreiben**<br>書く | | | **schrieb** | schriebe | **geschrieben** |
| **schreien**<br>叫ぶ | | | **schrie** | schriee | **geschrien** |
| **schweigen**<br>沈黙する | | | **schwieg** | schwiege | **geschwiegen** |
| **schwimmen**<br>泳ぐ | | | **schwamm** | schwömme<br>(schwämme) | **geschwommen** |

| 不定詞 | 直説法現在 | 過去基本形 | 接続法第2式 | 過去分詞 |
|---|---|---|---|---|
| **schwinden**<br>消える | | **schwand** | schwände | **geschwunden** |
| **sehen**<br>見る | *du* siehst<br>*er* sieht | **sah** | sähe | **gesehen** |
| **sein**<br>在る | *ich* bin *wir* sind<br>*du* bist *ihr* seid<br>*er* ist *sie* sind | **war** | wäre | **gewesen** |
| **singen**<br>歌う | | **sang** | sänge | **gesungen** |
| **sinken**<br>沈む | | **sank** | sänke | **gesunken** |
| **sitzen**<br>座っている | *du* sitzt<br>*er* sitzt | **saß** | säße | **gesessen** |
| **sollen**<br>…すべきである | *ich* soll<br>*du* sollst<br>*er* soll | **sollte** | sollte | **gesollt<br>(sollen)** |
| **sprechen**<br>話す | *du* sprichst<br>*er* spricht | **sprach** | spräche | **gesprochen** |
| **springen**<br>跳ぶ | | **sprang** | spränge | **gesprungen** |
| **stechen**<br>刺す | *du* stichst<br>*er* sticht | **stach** | stäche | **gestochen** |
| **stehen**<br>立っている | | **stand** | stünde | **gestanden** |
| **stehlen**<br>盗む | *du* stiehlst<br>*er* stiehlt | **stahl** | stähle | **gestohlen** |
| **steigen**<br>登る | | **stieg** | stiege | **gestiegen** |
| **sterben**<br>死ぬ | *du* stirbst<br>*er* stirbt | **starb** | stürbe | **gestorben** |
| **stoßen**<br>突く | *du* stößt<br>*er* stößt | **stieß** | stieße | **gestoßen** |
| **streichen**<br>なでる | | **strich** | striche | **gestrichen** |
| **streiten**<br>争う | | **stritt** | stritte | **gestritten** |
| **tragen**<br>運ぶ | *du* trägst<br>*er* trägt | **trug** | trüge | **getragen** |

| 不定詞 | 直説法現在 | 過去基本形 | 接続法第2式 | 過去分詞 |
|---|---|---|---|---|
| **treffen**<br>当たる，会う | *du* triffst<br>*er* trifft | **traf** | träfe | **getroffen** |
| **treiben**<br>追う | | **trieb** | triebe | **getrieben** |
| **treten**<br>歩む，踏む | *du* trittst<br>*er* tritt | **trat** | träte | **getreten** |
| **trinken**<br>飲む | | **trank** | tränke | **getrunken** |
| **tun**<br>する | *ich* tue<br>*du* tust<br>*er* tut | **tat** | täte | **getan** |
| **vergessen**<br>忘れる | *du* vergisst<br>*er* vergisst | **vergaß** | vergäße | **vergessen** |
| **verlieren**<br>失う | | **verlor** | verlöre | **verloren** |
| **wachsen**<br>成長する | *du* wächst<br>*er* wächst | **wuchs** | wüchse | **gewachsen** |
| **waschen**<br>洗う | *du* wäsch[e]st<br>*er* wäscht | **wusch** | wüsche | **gewaschen** |
| **werben**<br>得ようと努める | *du* wirbst<br>*er* wirbt | **warb** | würbe | **geworben** |
| **werden**<br>(…に) なる | *du* wirst<br>*er* wird | **wurde** | würde | **geworden**<br>**(worden)** |
| **werfen**<br>投げる | *du* wirfst<br>*er* wirft | **warf** | würfe | **geworfen** |
| **wissen**<br>知っている | *ich* weiß<br>*du* weißt<br>*er* weiß | **wusste** | wüsste | **gewusst** |
| **wollen**<br>…しようと思う | *ich* will<br>*du* willst<br>*er* will | **wollte** | wollte | **gewollt**<br>**(wollen)** |
| **ziehen**<br>引く，移動する | | **zog** | zöge | **gezogen** |
| **zwingen**<br>強制する | | **zwang** | zwänge | **gezwungen** |

**著 者**

高橋　亮介
　　上智大学教授

川名　真矢
　　上智大学非常勤講師


表紙
　大下　賢一郎

ページデザイン
　小熊　未央

イラスト
　藤井　美智子

映像撮影
　フィクス
　ジャパンライム

写真提供
　shutterstock

---

新・アプライゼ
伝え合うドイツ語

---

検印
省略

©2023 年 1 月 30 日　初 版 発 行

著　者　　　　　　　　　　　　　　高　橋　亮　介
　　　　　　　　　　　　　　　　　川　名　真　矢


発行者　　　　　　　　　　　　　　小　川　　洋一郎
発行所　　　　　　　　　　　株式会社 朝 日 出 版 社
　　　　　　　　　〒101-0065 東京都千代田区西神田 3-3-5
　　　　　　　　　　　　　電話 (03) 3239-0271・72 (直通)
　　　　　　　　　　　　　振替口座 東京 00140-2-46008
　　　　　　　　　　　　　　　　　　欧友社／図書印刷

---

乱丁・落丁本はお取り替えいたします
ISBN978-4-255-25473-9 C1084